Objectif CAP

Accompagnant éducatif

Petite enfance

EP2 + EP3

Exercer son activité en accueils collectif et individuel

Carine Chiarazzo
Catherine Hervier
Annie Martinez
Christine Millet-Bayol
Carole Pleindoux
Marie-Odile Rua
Christine Thabuis
Martine Tichit

hachette
ÉDUCATION

Dans la même collection :

hachette s'engage pour l'environnement en réduisant l'empreinte carbone de ses livres. Celle de cet exemplaire est de :
950 g éq. CO_2
Rendez-vous sur www.hachette-durable.fr

PAPIER À BASE DE FIBRES CERTIFIÉES

Maquette de couverture et réalisation : Stéphanie Benoit
Mise en pages : Frédéric Voisin
Édition : Jeanne Mauboussin

Crédits photos : www.shutterstock.com : pp. 12-15, 22, 25, 29, 33, 37, 40, 41, 50, 52, 58, 66, 72, 73, 86, 98, 114, 120-123, 132, 133, 146, 147, 209, 210.

www.hachette-education.com
ISBN : 978-2-01-701337-2

SOMMAIRE

PARTIE 1 : ÉTABLIR UNE RELATION PRIVILÉGIÉE ET SÉCURISANTE AVEC L'ENFANT

Communiquer avec l'enfant de manière appropriée, participer à l'acquisition du langage

PARTIE 2 : COOPÉRER AVEC L'ENSEMBLE DES ACTEURS CONCERNÉS DANS UN BUT DE COHÉRENCE, D'ADAPTATION ET DE CONTINUITÉ DE L'ACCOMPAGNEMENT

Adapter sa communication avec la famille en fonction du projet du lieu d'accueil

Inscrire son travail au sein d'une équipe pluriprofessionnelle

PARTIE 3 : ASSURER UNE ASSISTANCE PÉDAGOGIQUE AU PERSONNEL ENSEIGNANT

Participer à la réalisation d'une activité pédagogique

Participer à la sécurisation des récréations et des sorties pédagogiques

PARTIE 4 : ASSURER DES ACTIVITÉS DE REMISE EN ÉTAT DES MATÉRIELS ET LOCAUX EN ÉCOLE MATERNELLE

Mettre en œuvre les techniques de dépoussiérage, lavage, séchage et de décontamination des locaux collectifs et des équipements

MÉTHODE : PRÉPARATION À L'ORAL

PARTIE 5 : ORGANISER SON ACTION

Suivre l'état des stocks

PARTIE 6 :
NÉGOCIER LE CADRE DE L'ACCUEIL

Identifier les attentes des parents, présenter le projet d'accueil, élaborer le cadre organisationnel et conventionnel de l'accueil

PARTIE 7 :
ASSURER LES OPÉRATIONS D'ENTRETIEN DU LOGEMENT ET DES ESPACES RÉSERVÉS À L'ENFANT

Mettre en œuvre les techniques de dépoussièrage, nettoyage, bionettoyage, séchage des espaces et équipements réservés à l'enfant

PARTIE 8 :
ÉLABORER DES REPAS

Concevoir des repas

Préparer des repas en milieu familial

Servir un repas en milieu familial

Définition des épreuves professionnelles

Le règlement d'examen du CAP Accompagnant Éducatif Petite Enfance comprend trois épreuves du domaine professionnel correspondant à des blocs de compétences. Une épreuve de PSE est également rattachée à l'unité 1.

EP 1	Accompagner le développement du jeune enfant Prévention-Santé-Environnement (PSE)	Coefficient : 6 Coefficient : 1
EP 2	Exercer son activité en accueil collectif	Coefficient : 4
EP 3	Exercer son activité en accueil individuel	Coefficient : 4

Les commissions d'évaluation sont constituées de deux membres, un professeur de la spécialité et un professionnel dans la mesure du possible ou deux professeurs de la spécialité.

EP1 : Accompagner le développement du jeune enfant

Mode d'évaluation : contrôle ponctuel

Activités	Compétences
• **Accompagner l'enfant dans ses découvertes et ses apprentissages** • **Prendre soin et accompagner l'enfant dans les activités de la vie quotidienne**	• Recueillir les informations, s'informer sur les éléments du contexte et de la situation professionnels à prendre en compte • Adopter une posture professionnelle adaptée • Mettre en œuvre les conditions favorables à l'activité libre et à l'expérimentation dans un contexte donné • Mettre en œuvre des activités d'éveil en tenant compte de la singularité de l'enfant • Réaliser des soins du quotidien et accompagner l'enfant dans ses apprentissages • Appliquer des protocoles liés à la santé de l'enfant

Modalités d'évaluation

Épreuve orale **Exposé du candidat puis entretien d'une durée totale d'épreuve de 25 minutes**

L'épreuve prend appui sur une PFMP d'au-moins 4 semaines en EAJE ou auprès d'un assistant maternel agréé ou service d'aide à domicile offrant des prestations de garde d'enfant(s) de moins de 3 ans répondant aux exigences indiquées dans l'annexe relative aux PFMP. L'épreuve peut également prendre appui sur une expérience professionnelle d'au moins 12 semaines en EAJE ou dans le contexte d'intervention professionnel du domicile.

Le candidat présente deux fiches :
- l'une relative à la réalisation d'un soin du quotidien ;
- l'autre relative à l'accompagnement de l'enfant dans ses découvertes et ses apprentissages.

Contenu des fiches : présentation du contexte d'intervention, description des activités.

Mode d'évaluation : en cours de formation

L'une des situations d'évaluation a lieu en centre de formation, l'autre évaluation a lieu au cours de la période de formation en milieu professionnel (PFMP) ; les deux évaluations sont d'égale valeur.

Compétences	Modalités d'évaluation
• Recueillir les informations, s'informer sur les éléments du contexte et de la situation professionnelle à prendre en compte • Mettre en œuvre les conditions favorables à l'activité libre et à l'expérimentation dans un contexte donné • Mettre en œuvre des activités d'éveil en tenant compte de la singularité de l'enfant	**Situation d'évaluation n° 1** **L'épreuve prend appui sur une PFMP** d'au-moins 4 semaines en EAJE ou auprès d'un assistant maternel agréé ou en service d'aide à domicile offrant des prestations de garde d'enfant(s) de moins de 3 ans répondant aux exigences indiquées dans l'annexe relative aux PFMP. **Le candidat présente une fiche relative** à l'accompagnement de l'enfant dans ses découvertes et ses apprentissages. **Contenu de la fiche :** présentation du contexte d'intervention, description de l'activité menée.
• Adopter une posture professionnelle adaptée • Réaliser des soins du quotidien et accompagner l'enfant dans ses apprentissages • Appliquer les protocoles liés à la santé de l'enfant	**Situation d'évaluation n° 2** **Les candidats sont évalués au cours de l'une ou de l'autre PFMP de la dernière année de formation** d'une durée minimum de 4 semaines en EAJE. L'évaluation est réalisée uniquement en milieu professionnel. La PFMP fait l'objet d'une évaluation conduite par le tuteur. Un bilan est effectué en fin de période de formation en milieu professionnel et donne lieu à une proposition de note établie conjointement par le tuteur et un professeur d'enseignement professionnel.

Sigles

EAJE : établissement d'accueil du jeune enfant.
PFMP : période de formation en milieu professionnel.
ACM : accueil collectif de mineurs.
AMA : assistant maternel agréé.

EP2 : Exercer son activité en accueil collectif

Mode d'évaluation : contrôle ponctuel

Activités	Compétences
• Inscrire son action dans le réseau des relations enfant/parents/professionnels • Exercer son activité en école maternelle • Exercer son activité en EAJE et en ACM	• Coopérer avec l'ensemble des acteurs concernés dans un but de cohérence, d'adaptation et de continuité de l'accompagnement • Établir une relation privilégiée et sécurisante avec l'enfant • Assurer une assistance pédagogique au personnel enseignant • Assurer des activités de remise en état des matériels et des locaux en école maternelle
Modalités d'évaluation	
Une PFMP d'au moins 4 semaines ou une expérience professionnelle d'au moins 12 semaines en école maternelle ou en EAJE ou en ACM (moins de 6 ans) est exigée pour présenter l'épreuve EP2. L'épreuve comporte des questions qui évaluent tout ou partie des compétences et des savoirs du bloc de compétences « Exercer son activité en accueil collectif ». Le travail demandé et le degré d'exigence sont ceux du référentiel au niveau terminal.	

Mode d'évaluation : en cours de formation

L'une des situations d'évaluation a lieu en centre de formation, l'autre évaluation a lieu au cours de la période de formation en milieu professionnel (PFMP) ; les deux évaluations sont d'égale valeur.

Compétences	Modalités d'évaluation
• Assurer des activités de remise en état des matériels et des locaux en école maternelle • Assurer une assistance pédagogique au personnel enseignant	**Situation d'évaluation n° 1** L'épreuve comporte des questions écrites qui évaluent tout ou partie des compétences et des savoirs ciblés. Le travail demandé et le degré d'exigence sont ceux du référentiel au niveau terminal.
• Établir une relation privilégiée et sécurisante avec l'enfant • Coopérer avec l'ensemble des acteurs concernés dans un but de cohérence, d'adaptation et de continuité de l'accompagnement	**Situation d'évaluation n° 2** Les candidats sont évalués au cours de l'une ou de l'autre PFMP de la dernière année de formation d'une durée minimum de 4 semaines en école maternelle ou en EAJE ou en ACM (moins de 6 ans). L'évaluation est réalisée uniquement en milieu professionnel. Chacune des PFMP fait l'objet d'une évaluation conduite par le tuteur. Un bilan est effectué en fin de période de formation en milieu professionnel et donne lieu à une proposition de note établie conjointement par le tuteur et un professeur d'enseignement professionnel.

EP3 : EXERCER SON ACTIVITÉ EN ACCUEIL INDIVIDUEL

Mode d'évaluation : contrôle ponctuel et en cours de formation

Activités	Compétences
Exercer son activité à son domicile, celui des parents ou en maison d'assistants maternels	• Organiser son action • Négocier le cadre de l'accueil • Assurer les opérations d'entretien du logement et des espaces réservés à l'enfant • Élaborer des repas

Modalités d'évaluation

Épreuve orale **Exposé du candidat puis entretien d'une durée totale de 25 minutes. Temps de préparation éventuel : 1 h 30**

Le candidat présente un projet d'accueil élaboré à partir d'un ensemble documentaire. Les AMA et les employés à domicile ont la possibilité de présenter un projet d'accueil réel qui prend appui sur leur contexte d'intervention professionnel du domicile. L'AMA ou l'employé à domicile qui fait ce choix au moment de l'inscription au diplôme dépose un dossier présentant le projet d'accueil à la date fixée par le recteur (5 pages au maximum). En l'absence du dépôt du projet d'accueil à la date fixée par le recteur, le candidat n'est pas autorisé à passer l'épreuve.

PRÉVENTION-SANTÉ-ENVIRONNEMENT

Mode d'évaluation : contrôle ponctuel

Épreuve écrite (notée sur 20), 1 heure

Le sujet se compose **de deux parties indépendantes**, correspondant l'une aux modules 1 à 3 (santé, consommation et parcours professionnel), l'autre au module 4 (environnement professionnel).

Première partie : Le sujet sur 10 points comporte plusieurs questions indépendantes ou liées sur les modules correspondants. Il permet d'évaluer des compétences et des connaissances. À partir d'une situation de la vie professionnelle ou quotidienne, le candidat doit notamment **appliquer une démarche d'analyse**.

Deuxième partie : Le sujet comporte lui-même deux parties : l'une (notée 8 points) prend appui sur une situation professionnelle accompagnée d'une documentation, l'autre (2 points) permet d'expliquer la conduite à tenir dans une situation d'urgence.

Mode d'évaluation : en cours de formation

Les compétences et connaissances de l'enseignement de PSE sont évaluées en **deux parties écrites chacune notée sur 10 points chacune des deux parties correspond à une situation d'évaluation de 45 minutes**.

La première de ces deux situations d'évaluation se tient en fin de première année et la seconde en fin de deuxième année.

Première partie

Elle permet l'évaluation par sondage des compétences des modules 1, 2 et 3, santé, consommation et parcours professionnel. À partir d'une situation de la vie professionnelle ou quotidienne, le sujet comporte plusieurs questions indépendantes ou liées sur les modules correspondants. Le candidat doit notamment appliquer une démarche de résolution de problème.

Deuxième partie

Elle permet l'évaluation par sondage des compétences et connaissances du module 4, environnement professionnel. Elle comporte :

- une évaluation écrite sur 8 points portant sur l'ensemble du module à l'exception des situations d'urgence. Elle prend appui sur une situation professionnelle accompagnée d'une documentation. Elle permet d'évaluer l'application de la démarche d'approche par le risque et les connaissances relatives à l'environnement professionnel ;
- une évaluation pratique sur 2 points prenant en compte les résultats obtenus lors de la formation de base au secourisme ou du recyclage SST.

Pour les candidats en situation de handicap, une adaptation de cette évaluation pratique doit être proposée sous forme orale ou écrite.

FICHE 1 — ÉTABLIR UNE RELATION PRIVILÉGIÉE ET SÉCURISANTE AVEC L'ENFANT

Pour entrer en relation avec l'adulte, l'enfant doit se sentir en sécurité, surtout dans un milieu inconnu. Afin d'établir une relation privilégiée et sécurisante avec l'enfant, le professionnel doit adopter une attitude et une expression adaptées.

1. COMMUNIQUER AVEC L'ENFANT DE MANIÈRE APPROPRIÉE

1.1. L'attitude non verbale du professionnel

La communication non verbale passe par de nombreuses attitudes :

- les sourires ;
- avoir les bras ouverts ;
- regarder l'enfant dans les yeux ;
- avoir des gestes doux ;
- adopter une attitude calme ;
- entrer en contact avec l'enfant en le touchant (lui poser la main sur l'avant-bras) ;
- porter et déplacer l'enfant avec douceur.

À savoir

Pour décoder le langage non verbal de l'enfant, le professionnel sera attentif aux expressions corporelles de l'enfant ainsi qu'à celles de son visage : son agitation, ses gestes, ses postures (sourire, grimaces).

1.2. L'attitude du professionnel lors de la relation

Le professionnel parle avec douceur. Il utilise un vocabulaire simple mais précis. Il explique à l'enfant la situation et ce qu'on attend de lui.

Pour favoriser l'échange, le professionnel :
- verbalise les émotions exprimées ;
- écoute l'enfant s'il est en âge de s'exprimer ;
- questionne l'enfant sur ses goûts et ses ressentis ;
- encourage l'enfant à participer au soin ou à l'activité en le félicitant et en le rassurant.

2. Participer à l'acquisition du langage

2.1. Favoriser le langage au travers des activités

L'acquisition du langage va être favorisée à travers les différentes activités dès lors qu'un dialogue s'instaure avec l'enfant.

2.2. Utiliser un vocabulaire adapté

Utiliser un vocabulaire simple mais précis permet à l'enfant d'acquérir du vocabulaire nouveau et varié. Le fait d'encourager l'enfant à s'exprimer, lui permet de s'exercer à l'acquisition du langage et d'acquérir peu à peu une expression correcte.

FICHE 2 — LES MODES D'EXPRESSION ET DE COMMUNICATION — NOTIONS D'ESPACE ET DE TEMPS

1. LES MODES D'EXPRESSION

1.1. L'expression non verbale

Elle se traduit par :

- les **expressions corporelles** telles que l'agitation, la détente ;
- les **expressions du visage** telles que les sourires, les pleurs, les gestes, les postures, les expressions faciales exprimant le refus ou l'acceptation.

1.2. L'expression verbale

Elle se manifeste :

- **à 1 mois :** des vagissements (sons rauques et gutturaux) ;
- **à 2 à 3 mois :** des gazouillis (jeux vocaux) semblables dans tous les pays ;
- **de 5 à 8 mois :** des babillages (répétition d'un son considéré comme le premier mot). Exemple : « pa-pa » ;
- **à 1 an :** un mot-phrase associant à un mot un sens plus élaboré ;
- **à 2 ans :** une pseudo-phrase où peu de mots expriment une situation. Exemple : « Léo dodo » ;
- **à 3 ans :** une vraie phrase avec l'utilisation du verbe. Exemple : « auto Léo cassée » ;
- **à 4 ans :** le langage s'enrichit, le vocabulaire augmente, la forme grammaticale progresse.

1.3. L'expression écrite

L'enfant utilise des traces comme le complément de l'expression orale ; un renforcement du désir de communication est rendu possible par une meilleure maîtrise musculaire et une préhension fine.

- **Trace :** sous forme de gribouillage.
- **Dessin :** à 2 ans ébauche d'un cercle, à 3 ans bonhomme-têtard, à 4 ans détails anatomiques ou vestimentaires.
- **Écriture et lecture :** à 6 ans les notions de direction, de forme, de grandeur et la motricité fine permettront ces acquisitions.

2. Le schéma corporel

Il est constitué par **la perception du corps, de sa morphologie**. L'appropriation du schéma corporel est indispensable à la construction de la personnalité :

- **avant 6 mois :** le nourrisson joue avec ses mains, ses pieds, il les découvre. Ses progrès moteurs tels que la station debout puis la marche vont enrichir ses découvertes ;
- **à 18 mois :** il identifie son reflet dans le miroir ;
- **à 3 ans :** il découvre la différence des sexes, apprend à reconnaître ses mouvements et à les reproduire au cours des jeux rythmés.

3. La notion d'espace

Les progrès du développement neurosensoriel permettent à l'enfant de capter, de transmettre, de transformer les informations sur la situation de son corps dans l'espace :

- **à 6 mois :** début de la prévalence latérale « gauche ou droite » ;
- **à 18 mois :** déplacement dans l'espace ;
- **de 3 à 6 ans :** acquisition progressive des notions de haut, bas, devant, derrière ;
- **à 8 ans :** maîtrise des notions de droite et gauche sur soi ;
- **à 10 ans :** droite et gauche identifiées sur les autres, puis à propos de la situation des objets les uns par rapport aux autres.

4. La notion de temps

Avant 4 ans, les caractéristiques égocentriques de l'enfant entraînent une difficulté à imaginer ce qui a existé avant lui ou à anticiper les situations.

- **À 4 ans**, il identifie un jour particulier.

Exemple : « Le mercredi, on va au parc. »

- **À 5 ans**, il différencie « demain » et « hier ».
- **À 6 ans**, il cite et situe les jours de la semaine.
- **À 8 ans**, il identifie les mois, les saisons et situe le jour du mois.
- **Vers 10 ans**, il saura estimer une durée en heures ou minutes.

LE LANGAGE ET L'ÉGALITÉ DES CHANCES

1. LES ÉTAPES DE L'ACQUISITION DU LANGAGE

L'acquisition du langage va progressivement permettre à l'enfant de se faire comprendre précisément et de comprendre les autres. Elle se construit sur l'imitation de l'adulte.

Âge	Étapes	Rôle de l'adulte
1er et 2e mois	**Vagissements et vocalises** L'enfant va apprendre à moduler de mieux en mieux ses sons.	Communiquer avec un langage simple et de tonalités différentes : berceuses, chuchotements…
6 mois	**Les babillages (re, gru, kru…)** L'enfant est conscient, il écoute les sons émis.	« Échanger » avec lui en utilisant les mots comme une mélodie (sons d'intensités différentes).
9 à 10 mois	**La monosyllabe** Petit jargon sans signification. L'enfant comprend certains mots courants : « non », « au revoir »	Nommer les objets, utiliser des livres d'images, des jouets symboliques (animaux, voitures…). Stimuler le lien mot/objet symbolique.
11 mois	**La double syllabe** L'enfant emploie ses premiers mots, parfois inventés.	Corriger ses constructions ou ses prononciations avec douceur sans l'interrompre.
1 an	**Le mot phrase** L'enfant est capable de comprendre le sens global de ce qui est dit.	Nommer, répéter et expliquer des mots nouveaux. Chants, comptines simples utilisant des objets ou une partie de son corps.
18 mois à 2 ans	**Le langage global significatif** L'enfant utilise un langage qui a un sens, pour montrer des situations.	Perfectionner son vocabulaire, corriger simplement ses erreurs (récits, histoires courtes).
2 ans à 2 ans 1/2	**La phrase simple** L'enfant connaît et peut nommer les couleurs, des parties de son corps, il apprend plus rapidement.	Enrichir son vocabulaire, l'aider dans l'apprentissage de la construction grammaticale (sujet/verbe/complément) en vous aidant des contes, par exemple.

3 ans	**La phrase complète, explicite** Le langage devient de plus en plus évolué.	Reprendre et améliorer ses constructions grammaticales.
6 ans	**Maîtrise le langage** L'enfant s'exprime avec des mots de plus en plus élaborés.	Chants, comptines et poésies courtes, imagées, symboliques (saisons, fêtes des mères/pères)...

2. L'ÉGALITÉ DES CHANCES

Dans tous les processus d'apprentissage, le rôle de l'adulte consistera à **aider l'enfant dans sa progression** sans être trop interventionniste et en veillant toujours au bien-être et à la sécurité de l'enfant.

2.1. L'égalité filles et garçons

L'approche de l'**égalité entre filles et garçons** est indissociable des choix et des contraintes méthodologiques mis en place par les professionnels. Dès tout petit, les enfants sont conditionnés, dans leurs différents environnements, par l'assignation à des rôles sociaux spécifiques liés au fait d'être fille ou garçon. Certaines de ces normes, qui font partie de la socialisation, sont transmises et intégrées de façon inconsciente comme étant naturelles, mais peuvent être source de discrimination et d'inégalité entre les sexes.
Exemples : Filles = mignonne / Garçon = solide / enfant de culture différente = en difficulté. Les filles doivent jouer à la dînette, à la poupée, pas les garçons...

2.2. L'égalité dès le plus jeune âge

C'est dès le plus jeune âge que l'enfant doit être stimulé, pour acquérir les capacités optimales de communication, quel que soit son milieu de vie, sa culture ou son sexe. Les professionnels et leur accueil doivent pallier les déficits que le jeune enfant peut rencontrer sur le plan personnel.

En matière d'éducation, les « Cordées de la réussite », les réseaux d'enseignement prioritaire... sont des dispositifs qui œuvrent pour l'égalité des chances et la non-discrimination.

REFONDER
L'ÉDUCATION
PRIORITAIRE

http://www2.ac-nice.fr/pid29405/l-egalite-des-chances.html

Le professionnel, étant écouté et imité, doit veiller à son propre langage afin de ne pas renforcer certaines idées liées au sexe ou à la culture de l'enfant.

FAVORISER LE DIALOGUE, L'EXPRESSION ET LA COOPÉRATION AVEC LA FAMILLE

Le dialogue et la coopération avec les familles se font grâce à l'attitude bienveillante, rassurante et respectueuse du professionnel. Celui-ci devra éviter d'interpréter les propos des parents, de donner des conseils par rapport à ses propres représentations ou de poser des questions trop approfondies qui deviendraient indiscrètes.

1. CRÉER UNE SITUATION D'ÉCHANGE AVEC LA FAMILLE ET FAVORISER LE DIALOGUE

La qualité d'une situation d'échange avec la famille se fera à travers 3 éléments : **l'écoute**, **le questionnement** et **la reformulation**.

1.1. Une écoute de qualité

Une écoute de qualité est une écoute active.

Caractéristiques de l'écoute active				
ACCEPTER L'AUTRE	FAVORISER LA NEUTRALITÉ	RECHERCHER L'AUTHENTICITÉ	FAIRE PREUVE D'EMPATHIE	SAVOIR SE TAIRE
Éviter de juger ce que dit l'interlocuteur	Considérer ce qui est dit de façon positive et désintéressée	Montrer un réel intérêt à ce qui est dit	Entrer dans les représentations mentales de l'interlocuteur, ressentir ses sensations	Respecter les silences lorsque l'interlocuteur parle ou lorsqu'il cherche la suite de ses idées

1.2. Un questionnement

Formuler des questions ouvertes : elles permettent à l'interlocuteur de s'exprimer plus librement. **Exemple :** « Que pensez-vous de ? »
Formuler des questions fermées : elles permettent d'avoir des informations précises. **Exemple :** « Quel jour aura lieu son absence ? »
Formuler des questions « en miroir » : elles consistent à répéter les derniers propos échangés afin de faciliter la parole de l'interlocuteur. **Exemple :** « Vous avez dit qu'elle préférait la banane ? »
Proposer des alternatives : cela consiste à proposer en douceur une autre solution en utilisant une question. **Exemple :** « Préférez-vous que Léa soit accueillie plus tôt ? »

1.3. Une reformulation

La reformulation d'un propos consiste à redire en d'autres termes et d'une manière plus explicite, ce qui vient d'être dit, afin de **vérifier la compréhension du message** et obtenir l'assentiment de l'interlocuteur. Cela permet aussi de synthétiser ou résumer les propos échangés.

2. Attitude adaptée face à une situation orale difficile

Le professionnel doit, parfois, faire face à un parent en colère, émettant des cris ou présentant des signes d'agressivité. Il doit alors :

- Garder son calme.
- Parler doucement en conservant un langage et un vocabulaire professionnel.
- Essayer d'isoler la personne afin de la calmer et de respecter secret et discrétion professionnelle.
- Écouter la personne sans l'interrompre.
- Faire preuve de compréhension et rassurer la personne.
- Éventuellement verbaliser les sentiments perceptibles. (**Exemple :** « Je comprends que vous soyez inquiet. »)
- Essayer de trouver une solution à la situation en accord avec l'interlocuteur.
- Remettre éventuellement à plus tard la recherche d'une solution commune, afin de laisser à chacun un temps de réflexion et de ne pas traiter le problème « à chaud ».

3. Favoriser la coopération avec les familles

La coopération avec les familles peut se faire sous diverses formes et à divers moments :

- Lors du premier contact en inscrivant l'enfant et en faisant visiter l'établissement ou le domicile.
- Lors de l'accueil ou du départ quotidien.
- En proposant des rencontres parents/professionnels afin de voir les activités réalisées par l'enfant.
- En proposant aux parents de participer à des activités ou des sorties de la structure.
- En mettant en place des journées à thème sollicitant les parents. (**Exemple :** journée sur les régions ou pays du monde, les parents devant proposer une recette de leur région d'origine.)
- En sollicitant ponctuellement les familles (**Exemple :** récupération de bouteilles plastiques vides pour la mise en place d'une activité.)

COOPÉRER AVEC L'ENSEMBLE DES ACTEURS CONCERNÉS

En milieu professionnel, la communication avec les familles et l'ensemble de l'équipe est primordiale dans un but de cohérence, d'adaptation et afin d'assurer la continuité de l'accompagnement de l'enfant

1. ADAPTER SA COMMUNICATION AVEC LA FAMILLE

- Le professionnel adopte **une attitude bienveillante**, respectueuse, rassurante.
- **Il respecte** le secret professionnel et la discrétion professionnelle.
- **Il est à l'écoute** des informations transmises et les note éventuellement.
- **Il s'abstient de tout jugement.**
- **Il utilise la reformulation** afin de s'assurer d'avoir bien compris le message des parents.
- **Il complète le carnet de liaison** en vue d'assurer les transmissions aux parents.
- **Il informe** par un affichage à la vue de tous.
- **Il met à jour** les informations chaque semaine (menu, sorties, activités...).
- **Il explique** le projet éducatif et/ou pédagogique de la structure pour les enfants entrants.

2. Travailler en équipe pluri-professionnelle

2.1. Les codes à respecter

Le travail en équipe doit toujours respecter **la discrétion professionnelle**. Les messages peuvent être transmis de façon orale ou écrite. Afin qu'il soit pertinent, un message doit utiliser un **langage** et un **vocabulaire professionnel** et respecter certaines consignes.

Consignes message écrit	Exemple : cahier de transmission de Léa - 13 sept. (Opérateur : Solange)	Consignes message oral
Le message doit être : - clair et lisible ; - succinct et précis ; - sans jugement de valeur ; - objectif (il s'agit d'énoncer les faits).	9 h : Arrivée. Sieste matin (1h 30). 11 h : change, selles liquides, rougeurs. Prise de la température : 37 °C 11 h 30 : Léa n'a pas mangé la compote. 12 h 30 : Départ	Le professionnel doit faire preuve : - de calme, d'empathie ; - de confiance mutuelle ; - d'écoute.

2.2. Les outils de communication

La transmission d'un message nécessite l'utilisation d'outils de communication appropriés, à adapter à chaque situation :

- cahier de liaison ;
- fiche de transmission ;
- fiche technique ;
- tableau d'affichage ;
- téléphone ou biper ;
- planning du personnel ;
- mail (intranet) ;
- convocation de réunion ;
- compte rendu de réunion ;
- visioconférence.

2.3. La réunion de travail

Lors d'un problème à résoudre ou d'une information à communiquer, une réunion peut être organisée. Une réunion de travail comporte différentes phases :

- **la préparation** (préparation des convocations, définition des objectifs…) ;
- **le déroulement** (constitution des groupes de travail, mise en place d'un mode d'animation approprié, directif en cas d'information, semi-directif en cas de négociation ou d'échange) ;
- **l'évaluation** (atteinte ou non des objectifs, rédaction du compte rendu, suite à donner à la situation).

LES BESOINS RELATIONNELS ET DE COMMUNICATION

L'enfant éprouve des besoins d'ordre relationnel, dont la satisfaction est essentielle à son développement. L'adulte référent (en général la mère) va répondre à ses besoins au cours des activités de la vie quotidienne.

Si ces besoins ne sont pas satisfaits, l'enfant souffrira de carences pouvant provoquer une régression des acquisitions ou des pathologies retentissant sur le développement somatique.

1. LE RÔLE DE L'ADULTE

1.1. Respecter le développement affectif

L'adulte référent devra être disponible, sécurisant par une attitude bienveillante et régulière dans ses attentes et ses limites.

> **À savoir**
>
> Certaines périodes sont plus difficiles pour l'enfant.

Les autres adultes devront respecter une phase d'intégration, être en contact avec l'enfant en présence des parents.

À 8 mois, la séparation, même très courte, pourra être vécue comme un abandon avec des manifestations de détresse intense. À ce moment, il ne faudra ni modifier le mode de garde de l'enfant ni lui imposer des changements de vie.

> **Exemple**
>
> Sabrina, 8 mois, est gardée par une assistante maternelle depuis l'âge de 2 mois. Depuis quelques jours, chaque matin, elle hurle dès que sa mère la laisse ; son assistante maternelle a le plus grand mal à la calmer et doit la garder dans ses bras longtemps.

1.2. Veiller à la sécurisation

Certains objets, tels que le « nounours », le foulard de la maman... sont des intermédiaires entre son propre corps et le monde. Ils ont un pouvoir de sécurisation lié à la mère : ce sont **des objets transitionnels**.

> **Exemple**
>
> Nina, 11 mois, va à la crèche, elle est dans sa poussette. Elle demande son coussin-doudou qui l'aidera à affronter la séparation.

1.3 • Veiller au besoin de communication

L'adulte doit être attentif aux sollicitations et aux demandes de l'enfant.

Exemple

À la crèche, il y a une dispute entre Arthur, 18 mois, et Noah, 2 ans, à propos d'un camion convoité par les deux enfants. Arthur pleure, l'auxiliaire de puériculture explique à Noah qu'il joue depuis longtemps avec ce camion et qu'il doit le laisser à Arthur. Noah y consent, il est félicité.

L'adulte doit le valoriser pour son attitude de « grand » et l'aider à agir selon des normes sociales.

1.4. Conduite à tenir

Il faudra repérer les attitudes témoignant d'une difficulté relationnelle.

En cas de repli sur soi, pleurs, colère, l'adulte devra prendre en compte ces manifestations, en rechercher les causes telles que :

- avant 1 an : les changements d'environnement ;
- vers 18 mois : les frustrations liées aux interdits.

En cas de souffrance due à une séparation parents-enfants, l'adulte devra expliquer la situation en tenant compte de la possibilité de compréhension de l'enfant, favoriser l'expression du trouble, susciter un dialogue.

2. Le milieu socioculturel

Le milieu influence la manière de se comporter. Les coutumes, les façons de vivre avec plusieurs générations, une fratrie importante modifient le comportement et les modes de communication.

Le milieu socioculturel peut être favorable ou pénalisant.

Exemples : Famille chaleureuse où la communication est valorisée.
Famille contrainte de vivre dans un logement insalubre.

LES DOCUMENTS DE LIAISON ET DE TRANSMISSIONS

Les documents de liaison et de transmissions ne sont que des outils, mais bien les utiliser est un acte professionnel important qui a une influence considérable sur la qualité de l'attention portée aux enfants et la qualité des communications avec les parents et entre les professionnels.

1. ENTRE PROFESSIONNELS ET PARENTS

1.1. À l'arrivée de l'enfant

Fiche 36

Le premier document de liaison est le **dossier d'inscription** rempli par les parents. Il permet à la structure d'avoir les premières informations, surtout administratives, sur l'enfant (certificat d'inscription délivré par la mairie, copie d'un document d'identité, document attestant que tous les vaccins obligatoires ont été faits...).

Le **livret d'accueil** apporte des informations sur les habitudes de vie de l'enfant: l'alimentation, l'hygiène, la relation avec les autres...

1.2. Tous les jours

Le **cahier de liaison** (ou de transmission) permet, comme son nom l'indique, de faire le lien entre les parents et les professionnels. Il est présent pour l'enfant qui va en structure, chez l'assistante maternelle ou en école maternelle.

Les **transmissions**, le matin et le soir, sont des rendez-vous incontournables. C'est l'occasion de se rencontrer et aussi de se connaître lors d'échanges d'informations pratiques, de regards, de réflexion. Lieu d'écoute, les transmissions permettent d'assurer la continuité autour de l'enfant accueilli. Il est important de ne pas banaliser ce temps d'échange et de rester disponible.

La **fiche de rythme**, chez les bébés, permet de visualiser les phases de sommeil, de repas, de calme, de pleurs. Elle part avec les parents le soir et revient le lendemain.

Le **cahier de vie** est un échange d'informations de manière informelle (pas de colonnes, pas de lignes, la page est vierge). Il circule entre la maison et la structure et est rempli par les parents et les professionnels. Le but est de noter les progrès de l'enfant, ses découvertes, ses expériences, comme une mémoire vivante de ses premières années (photos, dessins de l'enfant...).

> **Remarque**
>
> Vous pouvez utiliser un cahier, un classeur, des fiches... c'est à définir ensemble (en équipe) et à adapter si nécessaire à l'organisation de la structure.

1.3. Que noter ?

Il est possible de noter les progrès de l'enfant, les activités faites mais aussi les jouets préférés, la manière de jouer, l'attitude, l'humeur, les interactions avec les autres, les moments difficiles (pleurs, morsure...), voire une ou plusieurs anecdotes.

2. Au sein de l'équipe de professionnels

Ces documents ne sont pas transmis aux parents, ce sont des outils de travail interne. Différents dans chaque structure, il existe une grande diversité de présentation.

Cahier et classeurs d'observation des enfants : pour observer avec attention chaque enfant au cours de la journée, dans ses différentes activités (adaptation, santé, changement de vie, développement) puis laisser des notes pour pouvoir constater l'évolution de l'enfant sur une période donnée. Il est souvent utilisé pour les enfants qui inquiètent les professionnels.

Cahier d'ateliers ou d'activités : il a le même objectif que le cahier/classeur d'observation mais dans le cadre d'une activité précise.

Fiche 6

Cahier et agendas d'équipe : sont notées les informations relatives aux professionnels (horaires, remplacements, vacances...), des observations concernant certains enfants (tels que le nom de la personne qui vient chercher l'enfant le lendemain, demander à la maman d'apporter des couches...), des informations confidentielles données par un parent (chômage, divorce...).

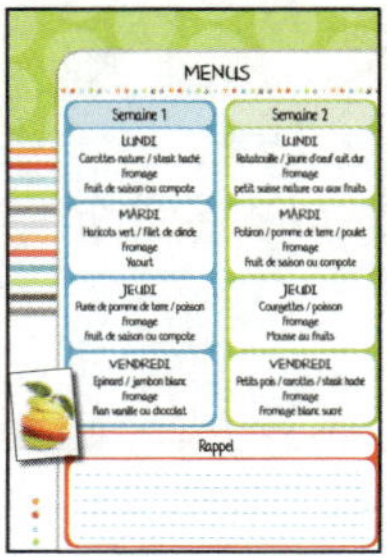

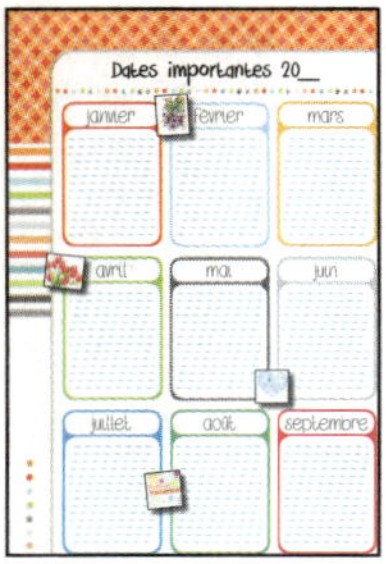

3. MODÈLES DE DOCUMENTS DE LIAISON

Mon cadre familial

Composition de ma famille :

Qui m'accompagnera et/ou viendra me chercher ?

J'habite en pavillon/en appartement ?

Je dors dans une chambre tout(e) seul(e)
Si non, avec qui ?

Suis-je habitué(e) aux animaux

Autre(s) (à préciser) :

Mes petites habitudes

Le sommeil

Je me réveille le matin à : h
spontanément : oui ○ non ○

Je fais la sieste : oui ○ non ○
le matin (durée) :
l'après-midi (durée) :

Je préfère :
la pénombre ○ le jour ○
avec turbulette ○
autres :

RAPPEL : un bébé doit être couché sur le dos, sur un matelas ferme, sans oreiller, sans tour de lit, sans couverture ni couette.

L'alimentation

Je mange :
au biberon ○
mixé ○
morceaux ○

Je suis habitué(e) à manger :
sur les genoux ○
dans un transat ○
dans une chaise haute ○
à table ○

Chez
je mangerai dans :
la cuisine ○
la salle à manger ○
autres :

Mes heures de repas :

Mes activités

Mon développement psychomoteur (position assise, marche, langage,...) :

Mes jouets, mes jeux, mes musiques, mes livres préférés :

RAPPEL : "À chaque âge son jouet en toute sécurité", conformément aux préconisations du fabricant.

Les sorties (les moyens de locomotion, les lieux, la fréquence) :

Autres :

RAPPEL : la télévision n'est pas une activité conseillée chez l'enfant de moins de 6 ans.

Journée du : ....

7 h	8 h	9 h	10 h	11 h	12 h	13 h
☐	☐	☐	☐	☐	☐	☐

Commentaires matinée :
....
....
....

14 h	15 h	16 h	17 h	18 h	19 h	20 h
☐	☐	☐	☐	☐	☐	☐

Commentaires après-midi :
....
....
....

Sommeil S Repas R Selles X Pleurs P

LE PROJET D'ÉCOLE ET LE PROJET PÉDAGOGIQUE

1. LES COMPOSANTES DU PROJET D'ÉCOLE

1.1. Le cadre législatif

La loi d'orientation du 10 juillet 1989 oblige chaque école à élaborer un projet qui définisse « les modalités particulières de mise en œuvre des objectifs et des programmes nationaux » (circulaire du 15 février 1990).

1.2. Le rôle du projet d'école

Le projet d'école permet donc de définir les stratégies qui paraissent les mieux appropriées pour **atteindre les objectifs nationaux** en tenant compte du contexte local. Il doit répondre aux besoins particuliers des élèves de l'école. C'est également un outil de cohérence, aussi bien à l'intérieur de l'école que dans les relations avec les autres partenaires.

Remarque

À noter que le projet d'école doit être validé par le conseil d'école et par l'inspecteur d'académie.

1.3. La réalisation du projet d'école

La démarche qui conduit au projet se fait en plusieurs étapes :

- **Analyser** l'école, son environnement, ses élèves.
- **Choisir** les points à améliorer, à renforcer.
- **Définir** des objectifs pour l'école les adapter à chaque cycle.
- **Retenir** les actions qui permettront d'atteindre ces objectifs.
- **Mettre** en place un dispositif d'évaluation.

Exemple : un projet construit autour de l'environnement, de la découverte d'une langue étrangère ou régionale, du numérique...

2. LES COMPOSANTES DU PROJET PÉDAGOGIQUE

2.1. Le rôle du projet pédagogique

Le projet pédagogique est une notion développée et utilisée par les lieux accueillant des enfants et impliqués dans l'éducation ou la pédagogie (de la crèche à l'université).

Un projet pédagogique est généralement élaboré à l'échelle d'une structure (école, crèche, accueils de loisirs, accueil collectif de mineurs, classe d'université, collège ou lycée…).

2.2. La réalisation du projet d'école

À partir du cadre fixé par le projet éducatif ou le projet d'établissement, le directeur de l'accueil de mineurs élabore le projet pédagogique de fonctionnement.

Ce document est spécifique aux caractéristiques de chaque accueil et résulte d'une préparation collective. **Il traduit en concepts et pratiques, le projet social et le projet éducatif** tels qu'ils seront mis en œuvre par l'équipe d'accueil.

L'objectif global de chaque projet pédagogique est de **déterminer de façon concrète les méthodes de travail ainsi que l'organisation des groupes d'enfants et les activités**.

Jamais figé, il évolue et s'enrichit au quotidien. Il est mis à jour par l'équipe de la structure selon les observations faites par les professionnels sur l'organisation et les différentes actions mises en place.

Le projet d'école ou d'établissement ou éducatif
répond aux objectifs nationaux.

↓

Le projet pédagogique
est élaboré à l'échelle de la structure
à partir du projet éducatif ou d'établissement.

↓

Le projet pédagogique
fixe les pratiques, détermine les méthodes de travail
ainsi que les activités des enfants.

LE PLAN PERSONNALISÉ DE SCOLARISATION

1. POUR QUI ?

La loi n° 2005-102 du 11 février 2005 pour l'égalité des droits et des chances, la participation et la citoyenneté des personnes handicapées réaffirme **le droit à la scolarisation de tous les élèves handicapés** et introduit la notion de parcours de formation qui est représenté par le **Plan Personnalisé de Scolarisation (PPS)**, inclus dans le Plan Personnalisé de Compensation (PPC).

2. POURQUOI ?

Il a pour objectif d'**organiser la scolarité** de l'élève et précise les actions pédagogiques, psychologiques, éducatives, sociales, médicales et paramédicales en y associant les professionnels du secteur médico-social et ceux de l'éducation, en lien étroit avec l'élève et sa famille.

Il s'agit de privilégier, chaque fois que possible, la scolarisation en **milieu ordinaire** la plus proche possible du domicile du jeune.

L'action éducative élaborée, actualisée et mise en œuvre dans le PPS est conçue pour **s'ajuster au plus près des besoins de chaque élève handicapé.**

3. ÉLABORATION DU PPS

3.1. Éléments

Le PPS définit les modalités de déroulement de la scolarité en précisant :

- la qualité et la nature des **accompagnements** nécessaires, notamment thérapeutiques ou rééducatifs ;
- les **activités de la personne chargée de l'aide humaine**, s'il y a une décision en ce sens ;
- l'utilisation d'un **matériel pédagogique adapté**, s'il y a une décision en ce sens ;
- les **aménagements pédagogiques**.

3.2. Qui fait quoi ?

- Il est élaboré par **l'équipe pluridisciplinaire de la MDPH** à partir des besoins identifiés de l'enfant.

Un enseignant référent est désigné afin de veiller, d'une part aux conditions dans lesquelles se réalise la scolarisation de l'élève porteur du handicap et, d'autre part, à la continuité et la cohérence de la mise en œuvre du PPS.

Une **équipe de suivi de la scolarisation** (ESS) facilite la mise en œuvre du PPS et assure, pour chaque élève handicapé, un suivi attentif et régulier.

Schéma d'élaboration du PPS

Sigles

PH: personnes handicapées.
PPC: plan personnalisé de compensation.
PPS: plan personnalisé de scolarisation.
ESS: équipe de suivi de scolarisation.
MDPH: maison départemental des PH.
CDAPH: commission des droits et de l'autonomie des PH.

L'ATSEM : LE TEMPS SCOLAIRE ET PÉRISCOLAIRE

1. QU'EST-CE QU'UN ATSEM ?

1.1. Son temps d'intervention

L'emploi du temps de l'ATSEM est élaboré en début d'année, il distingue nettement les « temps scolaires » et les « temps non scolaires » (temps périscolaires et temps hors scolaires selon les municipalités).

Sigle

ATSEM : Agent Territorial Spécialisé des Écoles Maternelles.

Pendant le temps scolaire : l'ATSEM apporte un service de qualité au bénéfice des enfants des écoles maternelles. Ce sont les heures de classes en présence de l'enseignant.

Le temps périscolaire est constitué des heures qui précèdent et suivent la classe durant lesquelles un encadrement est proposé. Il s'agit :

- de la période d'accueil du matin avant la classe ;
- du temps méridien (de la fin de la matinée de classe au retour en classe l'après-midi, comprenant le cas échéant un temps de restauration) ;
- de la période d'accueil du soir immédiatement après la classe (études surveillées, accompagnement à la scolarité, accueils de loisirs, activités culturelles ou sportives, garderie).

Exemples

Exemples d'activités pendant le temps scolaires : l'ATSEM est placé sous la responsabilité de l'enseignant de la classe. Il doit assurer des fonctions d'assistance aux enfants (aider à l'habillage et au déshabillage, à l'arrivée, au départ, au moment des récréations ou autres sorties à l'extérieur, à l'heure de la sieste), et des fonctions d'assistance aux enseignants.

Exemples d'activités pendant le temps périscolaire : l'ATSEM veillera au respect de la permanence des règles de vie, notamment en faisant respecter les interdits ou les obligations élaborés conjointement avec les enseignants.

Dans l'exercice de toutes leurs missions, les ATSEM, comme les enseignants, ont une obligation de réserve sur tout ce qui concerne les activités scolaires proprement dites et la vie de l'école en général.

1.2. La double hiérarchie en école maternelle

L'ATSEM est nommé par le maire après avis du directeur ou de la directrice de l'école maternelle. Son traitement, c'est-à-dire son salaire, est exclusivement à la charge de la commune.

Pendant le temps scolaire, l'ATSEM est placé directement **sous l'autorité et la responsabilité du directeur ou de la directrice** de l'école maternelle. Il existe donc une dépendance fonctionnelle de l'ATSEM à l'égard du directeur ou de la directrice.

Cependant, l'**autorité hiérarchique reste exercée par le maire** à travers son représentant.

Cette double dépendance implique qu'il y ait **direction partagée** des personnels ATSEM. À la demande de la mairie, le directeur d'école peut donner un avis annuel sur le travail accompli par l'ATSEM. À travers cette direction partagée, **un équilibre devra être recherché.**

2. Le projet éducatif territorial (PEDT)

2.1. Un parcours éducatif sensé

Le projet éducatif territorial (PEDT) formalise une démarche permettant aux collectivités territoriales de proposer à chaque enfant **un parcours éducatif cohérent et de qualité avant, pendant et après l'école**, organisant ainsi, dans le respect des compétences de chacun, la complémentarité des temps éducatifs.

2.2. Les activités périscolaires

Cette démarche doit favoriser l'élaboration **d'une offre nouvelle d'activités périscolaires, voire extrascolaires**, ou permettre une meilleure mise en cohérence de l'offre existante, dans l'intérêt de l'enfant. Il doit favoriser l'accès des enfants et des jeunes à des projets d'éducation populaire, à l'autonomie et à l'engagement citoyen afin qu'ils trouvent leur place dans la société.

2.3. Réunir les acteurs locaux

Le projet éducatif territorial est un outil de collaboration locale qui peut rassembler, à l'initiative de la collectivité territoriale, l'ensemble des acteurs intervenant dans le domaine de l'éducation.

Exemple

Pour accéder à un exemple type de projet éducatif territorial: http://www.education.gouv.fr/pid25535/bulletin_officiel.html?cid_bo=70631

LE RÔLE ÉDUCATIF DE L'ATSEM

Fiche 10

L'Agent Territorial Spécialisé des Ecoles Maternelles a pour rôle global de participer à la communauté éducative. Ses missions sont séparées en deux temps « scolaires » et « périscolaires ».

Il est chargé de l'assistance au personnel enseignant pour la réception, l'animation et l'hygiène des très jeunes enfants ainsi que de la préparation et la mise en état de propreté des locaux et du matériel servant directement à ces enfants.

1. L'ASSISTANCE AU PERSONNEL ENSEIGNANT

Lors de l'assistance au personnel enseignant, il doit :

- **Identifier les informations** utiles à l'activité pédagogique : nombre d'enfant, espace et matériel nécessaires, consignes données par l'enseignant.
- **Mettre en place** un espace favorable au bon déroulement de l'activité en lien avec les préconisations de l'enseignant : préparer l'espace de travail et le matériel nécessaire et les installer selon les souhaits de l'enseignant.
- **Préparer et installer les supports pédagogiques** prévus par l'enseignant à l'avance, découper, coller... tous les supports demandés par l'enseignant ;
- **Animer et surveiller** un atelier sous la responsabilité de l'enseignant et en sa présence : suivre les consignes de l'enseignant, intervenir à bon escient selon les besoins des enfants, respecter leur autonomie.
- **Remettre en état** les lieux après une activité pédagogique : nettoyer les tables si nécessaire, ranger le matériel, classer les productions...

Toutes ces activités doivent se faire dans le respect :

- du projet pédagogique de l'enseignant ;
- des contraintes imposées par les locaux ;
- des préconisations de l'enseignant ;
- des principes de base lors des manutentions d'objets (PRAP) ;
- des règles de vie de classe ;
- des procédures d'hygiène et de sécurité.

2. LE RÔLE ÉDUCATIF DE L'ATSEM DANS SES DIFFÉRENTES FONCTIONS

L'accueil. L'accueil est assuré avant la classe et réparti entre les enseignants de l'école. L'ATSEM peut aider à cet accueil sous la responsabilité du directeur ou de la directrice mais **ne peut l'assurer seul**.

Les collations. Sous la responsabilité de l'enseignant, l'ATSEM aide à la préparation et à l'animation des collations. Il procède à la remise en état du local. Il lave la vaisselle ayant servi à la collation et nettoie le sol si besoin. Pendant les collations, **il aide les enfants à accéder à l'autonomie.**

Les récréations. Une organisation doit être mise en place par la direction pour que l'assistance aux enfants reste maintenue. **L'ATSEM n'a pas à assurer seul la surveillance des enfants en récréation**.

La sieste. Après avoir préparé la salle de repos, l'ATSEM peut surveiller la sieste.

Les ateliers. L'enseignant est responsable du choix, des consignes, du déroulement des activités. À la demande de celui-ci, l'ATSEM apportera sa compétence et son assistance. À l'issue des ateliers, **il procède à la mise en état de propreté et au rangement du matériel et des locaux**.

Les sorties. L'ATSEM accompagne l'enseignant au cours des « sorties obligatoires », dans le cadre de son amplitude horaire de la demi-journée.

Pendant la classe. L'ATSEM accompagne aux toilettes les enfants qui en éprouvent le besoin. Il peut être amené à doucher et à changer un enfant qui s'est sali et à rincer les vêtements souillés avant de les remettre aux parents. Il doit assister l'enseignant lors des passages des enfants en salle d'hygiène.

> **Remarque**
>
> L'administration de médicaments n'est jamais de la responsabilité de l'ATSEM (sauf en cas de PAI, Projet d'Accueil Individualisé).

Si des questions leur sont adressées touchant à la pédagogie ou aux comportements des élèves, ils doivent orienter les parents vers la direction. Mais ils peuvent, en revanche, rassurer ou informer les parents sur l'état de santé des enfants ou sur les événements de la journée (prise de repas, sieste, incidents bénins...).

LES MESURES DE SÉCURISATION

1. LES MESURES DE SÉCURISATION LORS DES RÉCRÉATIONS

1.1. Qu'est-ce qu'une récréation ?

La récréation est **un temps éducatif** qui permet aux enfants de se détendre et de se divertir. Elle marque **une rupture dans les activités proposées en classe.** Elle doit se distinguer des activités dites « d'extérieur ». Elle permet à l'enfant d'acquérir :

- **des compétences sociales et civiques** (vivre en société, comprendre et respecter les règles, prendre en compte les besoin des autres...) ;
- **des compétences d'autonomie et d'initiative** (respecter des consignes, maîtriser son corps, prendre des initiatives, s'adresser aux bonnes personnes...) ;
- **des compétences de langage** (maîtrise de la langue, connaissance du vocabulaire précis pour s'exprimer sur les objets et ses émotions, s'exprimer en public).

> **Remarque**
>
> Pensée par l'équipe pédagogique, la récréation dure 15 à 30 minutes par demi-journée en maternelle.

1.2. Les rôles de l'ATSEM pendant la récréation

L'enseignant peut déléguer sa surveillance à un collègue – ou à l'ATSEM en maternelle – mais **pour un temps relativement court**. Il reste responsable de tout ce qui pourrait se passer pendant son absence.

La sécurité doit être constamment assurée compte tenu de la configuration des lieux, de la nature, de l'état et de la distribution des locaux scolaires. Le nombre de surveillant dépend du nombre d'enfants dans la cour.

L'adulte doit :

- **prendre en charge** ce que les enfants ne peuvent gérer seuls ;
- **intervenir en tant que médiateur** ou lorsqu'une règle n'est pas respectée, avoir une vue globale pour une surveillance active ;
- **intervenir lorsqu'un enfant se blesse et en prévention**, ce qui consiste à apprendre aux enfants à repérer les zones dangereuses ou les situations à risque et à prévenir l'adulte ;
- **avoir une mission d'encadrant et d'accompagnant** ;
- **permettre le dialogue** entre les enfants et entre les enfants et les adultes. La récréation est une « microsociété ».

2. Les mesures de sécurisation lors des sorties pédagogiques

2.1. Les différents types de sorties scolaires

• **Les sorties scolaires régulières** inscrites à l'emploi du temps de la classe et nécessitant un déplacement hors de l'école.

• **Les sorties scolaires occasionnelles sans nuitée(s) et les sorties scolaires avec nuitée(s)** qui regroupent les classes de découverte, les classes d'environnement, les classes culturelles comprenant au moins une nuitée.

2.2. Le rôle de l'ATSEM

L'ATSEM peut accompagner les élèves placés sous la surveillance et la responsabilité du personnel enseignant, **dans le cadre des activités extérieures régulières** qui s'effectuent au cours de la journée et durant le temps scolaire, sous réserve que l'enseignant conserve en permanence la maîtrise de la coordination du dispositif, qu'il procède au contrôle régulier du déroulement des séances et que l'ATSEM dispose de consignes claires.

> **Remarque**
>
> Pendant le temps scolaire, la ville doit être informée lorsqu'un ATSEM accompagne un groupe d'enfants à l'extérieur de l'école.

Pour les sorties scolaires occasionnelles, en dépassement du temps scolaire de la journée ou avec nuitée, **la participation de l'ATSEM ne peut être envisagée que sur la base du volontariat.**

L'ATSEM doit être conscient de son devoir de surveillance des élèves et de sa responsabilité en la matière. La surveillance doit être adaptée en fonction des effectifs, de la configuration des lieux, du matériel scolaire et de la nature des activités. Un élève ne doit à aucun moment être laissé seul sans surveillance.

3. Les autres mesures de sécurité en école maternelle

Au cours de ses différentes missions, l'ATSEM doit :

• **repérer, isoler et ne pas utiliser en présence des enfants les produits toxiques** ou potentiellement dangereux, veiller à ne pas laisser à la portée des enfants des tabourets ou des escabeaux susceptibles d'être escaladés ;

• **veiller à la fermeture constante des locaux interdits** aux enfants ;

• **participer aux exercices d'alerte et d'évacuation** des locaux, connaître les procédures d'alerte et de premiers secours ;

• **connaître parfaitement les lieux** (issues de secours, indications de localisation donnée à un service médical d'urgence, etc.) ;

• **exercer en collaboration avec le personnel enseignant** une surveillance des entrées et des sorties de personnes étrangères à l'école ;

• **vérifier la fermeture des portes et des fenêtres**, l'extinction des luminaires, le débranchement des appareils électriques.

LES BASES DU NETTOYAGE

1. LES RÈGLES DE NETTOYAGE

1.1. Comment bien nettoyer une surface ?

- Savoir organiser son travail (avant et pendant).
- Savoir identifier les salissures.
- Connaître les surfaces à entretenir.
- Connaître le matériel.
- Connaître les produits et leur dosage.
- Choisir la bonne technique.
- Savoir évaluer la qualité de son travail.

1.2. Pourquoi nettoyer ?

- Pour obtenir une propreté visuelle, c'est-à-dire une absence de salissures adhérentes et non-adhérentes sur une surface.
- Pour maintenir une bonne hygiène dans les locaux.
- L'hygiène va influencer directement la santé, le bien-être et la qualité de vie du personnel et des enfants mais aussi permettre le maintien en bon état des locaux et des équipements.

2. QUELLES SONT LES CONDITIONS DE RÉUSSITE DU NETTOYAGE ?

La réussite d'un nettoyage dépend d'un ensemble de facteurs.

2.1. La nature des salissures

Les salissures peuvent être non-adhérentes (poussière, graviers, papier...) ou adhérentes (taches...) et d'origines diverses :

- **les salissures organiques :** salissures d'origine animale, végétale, ou humaine (huile, graisse, sang, urine...) ;
- **les salissures minérales :** salissures qui forment une pellicule sur les surfaces (tartre, rouille...).

2.2. La nature des surfaces

Il faut **observer le degré d'adhérence des salissures** sur une surface, **sa résistance** aux produits choisis pour le nettoyage et sa résistance aux agressions quotidiennes (passage fréquent).

2.3. Le plan des locaux

Le choix de la technique de nettoyage est conditionné par :
- la superficie de la salle ;
- son organisation (espace en longueur, la présence de recoins...) ;
- son encombrement (présence de mobilier) ;
- sa fréquentation (passage faible ou élevé).

2.4. La fréquence du nettoyage

- **L'entretien journalier :** il se pratique quotidiennement ce qui nécessite des techniques rapides.
- **L'entretien hebdomadaire :** il est pratiqué une fois par semaine et permet d'effectuer des opérations plus longues.
- **L'entretien « à fond »** permet de nettoyer une salle dans sa totalité (murs, portes, huisseries/encadrements de fenêtres, vitres...).

3. Quels facteurs influencent le nettoyage ?

Pour réaliser un nettoyage efficace, il faut tenir compte de quatre paramètres représentés dans le « cercle de Sinner ».

Le cercle de Sinner et la structure d'un nettoyage parfait

L'action chimique : c'est l'action du produit sur les salissures.

Le temps : la durée nécessaire au produit pour être efficace sur les salissures.

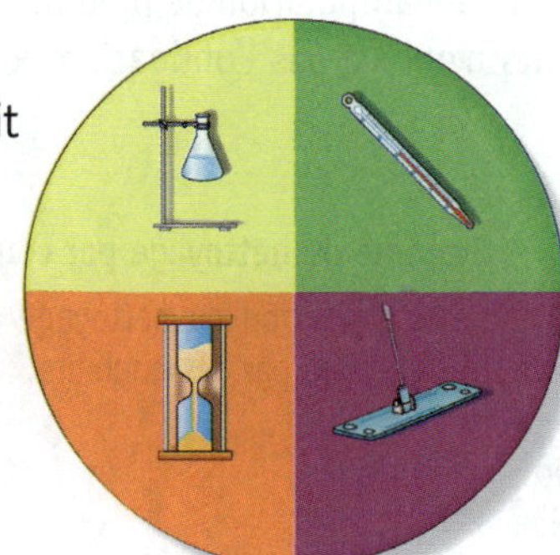

La température : la température de l'eau va influer sur l'action du produit.

L'action mécanique : c'est l'action porté par le matériel ou l'agent qui engendre un frottement sur les salissures.

À savoir

Il est impératif de respecter les principes suivants :
- travailler de haut en bas ;
- travailler du plus propre vers le plus sale ;
- travailler du fond de la salle vers la porte.

L'HYGIÈNE ET L'ORGANISATION DU TRAVAIL

1. AVANT LE TRAVAIL

La tenue de travail doit être adaptée :

- se mettre en tenue après avoir ôté les vêtements de ville ;
- s'attacher correctement les cheveux ;
- utiliser des chaussures adaptées aux tâches demandées afin d'éviter les accidents de travail (chutes, glissades, contusions...).

2. PENDANT LE TRAVAIL

2.1. Le lavage des mains

- Se laver les mains avant et après le travail ainsi qu'après avoir manipulé des produits ou des matériels sales.
- Utiliser des gants pour la manipulation de produits dangereux et/ou de matériels sales. Le port des gants n'enlève pas l'obligation de se laver les mains.

À savoir

Système de nettoyage par couleur

Pour les différents domaines d'utilisation du nettoyage de surface, il est conseillé de définir un système de nettoyage codé par des couleurs :
Lavette rouge = WC
Lavette bleue = lavabo
Lavette jaune = mobilier
Lavette blanche = alimentation
Le code couleur des lavettes peut varier selon les structures d'accueil.

2.2. L'organisation du travail

- Respecter les codes de couleur des lavettes.
- Préparer avant la tâche tous les matériels et produits utiles pour la réalisation à effectuer.
- Utiliser des chariots multifonctions si nécessaire.
- Respecter les règles d'ergonomie.
- Lire les modes d'emploi des produits et les précautions d'usage.
- Observer les pictogrammes et signalétiques présents sur les produits ou dans les locaux.

3. Après le travail

- **Effectuer un contrôle visuel :** absences de salissures, de traces.
- **Laver et désinfecter** le matériel utilisé.
- **Ranger soigneusement** le matériel propre et sec ainsi que les produits.
- **Remettre le local en état.**
- **Se laver les mains.**

Définitions

Hygiène : ensemble des principes, des pratiques individuelles ou collectives visant à la conservation de la santé, au fonctionnement normal de l'organisme.
Propreté : état de ce qui est propre, c'est-à-dire non souillé et sans salissures.
Salissure : une tâche.
Biocontamination : contamination d'une surface inerte par des micro-organismes qui tendent à s'y développer.
Nettoyer : éliminer les salissures présentes sur une surface inerte à l'aide de produits détergents.
Désinfecter : éliminer ou tuer des micro-organismes et/ou inactiver les virus présents au moment de l'opération sur un matériau inerte. C'est une action au résultat momentané. La désinfection n'a lieu que sur un matériau préalablement nettoyé.
Bionettoyage : procédé de nettoyage applicable dans une zone à risque qui est destiné à réduire momentanément la biocontamination d'une surface (nettoyer + désinfecter).
Bactéricide : produit ayant la propriété de tuer les bactéries.
Fongicide : produit ayant la propriété de tuer les champignons microscopiques.
Virucide : produit ayant la propriété de tuer les virus.

LE DÉPOUSSIÉRAGE MANUEL D'UN SOL

Le dépoussiérage permet l'élimination de petites particules non adhérentes en les fixant sur un support humidifié ce qui évite leur mise en suspension dans l'air.

Cette technique est donc **hygiénique, rapide et ergonomique**.

Avant de commencer le balayage humide (ou dépoussiérage manuel du sol), il faut se mettre en tenue et se laver les mains.

1. LE MATÉRIEL ET LES PRODUITS

Matériel	À quoi ressemble-t-il ?	Remarques
• Balai trapèze • Gaze non tissée pré-imprégnée à usage unique • Pelle • Balayette • Poubelle	**Balai trapèze + Gaze jetable** 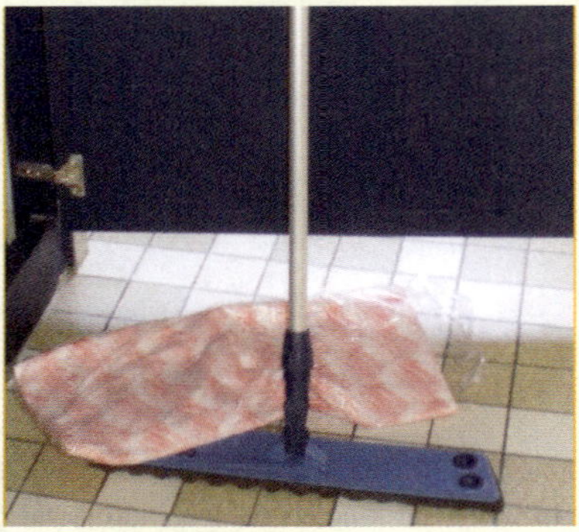	Agglutinant présent dans la gaze jetable non tissée

Remarque

Il est possible d'utiliser une gaze tissée que l'on humidifie en pulvérisant un peu d'eau.

2. La technique

2.1. Balayage humide d'une salle

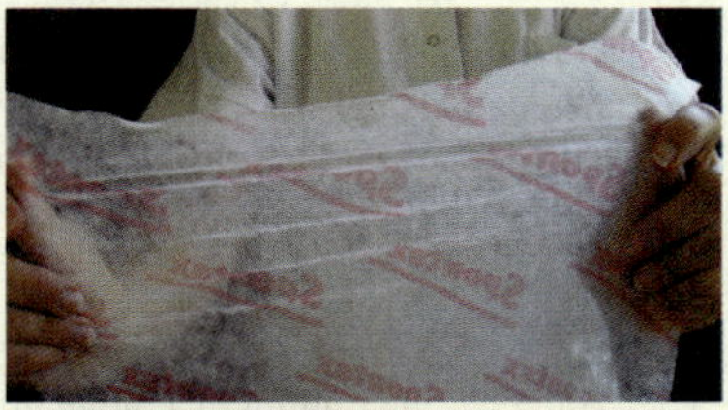 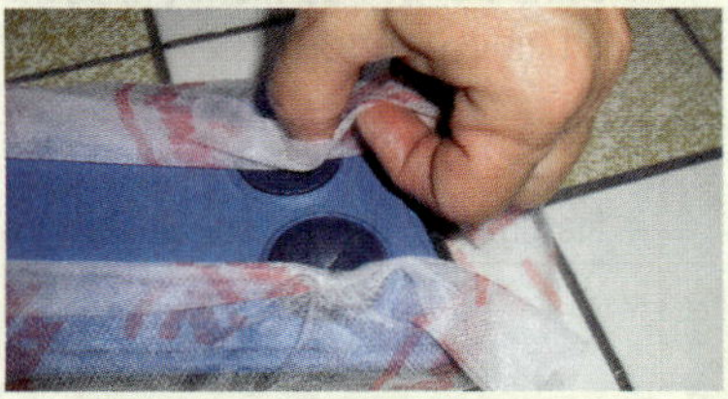	• Observer l'espace de travail et préparer le matériel. • Étirer la **gaze** pour libérer l'agglutinant. • Placer le socle du **balai trapèze** au centre de la gaze et la fixer sur les points d'ancrage. • Préparer la salle (enlever les objets gênants, monter les chaises sur les tables, ouvrir les fenêtres). • Se positionner du côté opposé à la porte.
 	• Réaliser le détourage en positionnant le socle du balai trapèze perpendiculaire à la plinthe (sans oublier le dessous des meubles) en poussant le balai devant soi (la grande base du balai trapèze vers l'avant). • Garder le dos droit, les coudes près du corps. • Terminer par la porte de sortie. • **Ne jamais soulever le balai et ne jamais aller en arrière.**

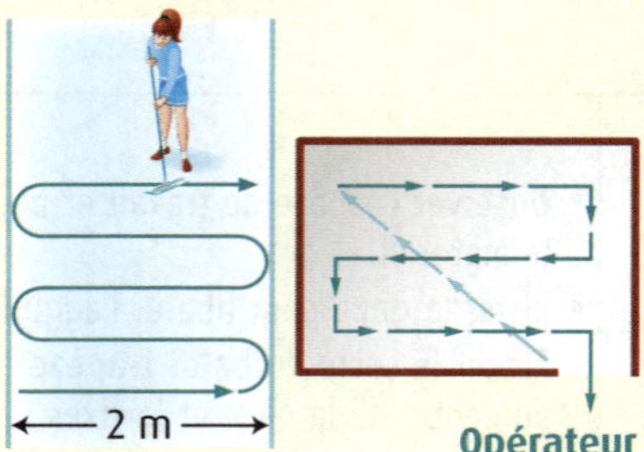 **Déplacement de l'opérateur Méthode à la godille**	• Procéder au dépoussiérage du centre de la pièce. Évaluer le nombre de zones de passages à effectuer dans la salle afin de terminer par la sortie. • Travailler « à la godille » en faisant des bandes parallèles de la largeur du socle et en les faisant se chevaucher lors des allers et retours, pour traiter uniformément la surface. • Maintenir son dos droit, pieds à plat, seuls les bras donnent l'impulsion au mouvement. • **Changer la gaze autant de fois que nécessaire.** • Marcher en arrière sur le sol non balayé.
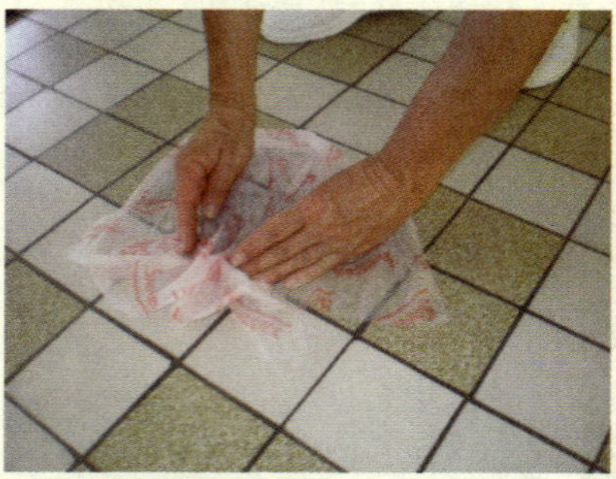	• Terminer par la porte de sortie. • Se baisser en pliant les genoux, le dos rectiligne. • Piéger les poussières et autres déchets dans la gaze et ramasser le tout avec **une pelle et une balayette**.
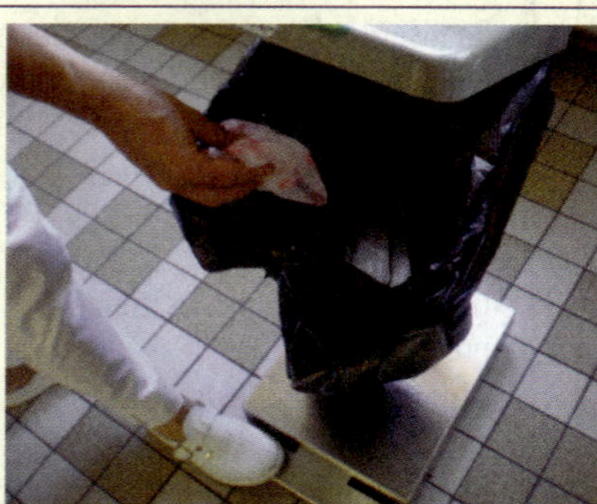	• Jeter la gaze pré-imprégnée et les déchets dans la poubelle. • Remettre la salle en état.

Fixer une seule gaze à la fois sur le balai trapèze.

2.2. Balayage humide d'un couloir

- Travailler par bandes parallèles en poussant le balai trapèze devant soi.
- L'opérateur marche sur le sol balayé.
- Faire chevaucher les différents passages.

Méthode « au poussé »

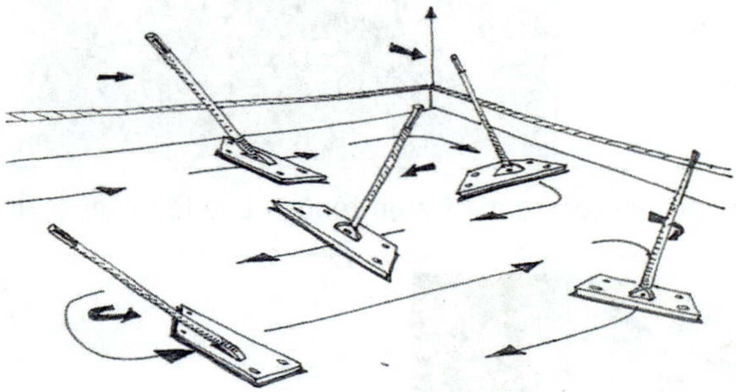

Le balai ciseau

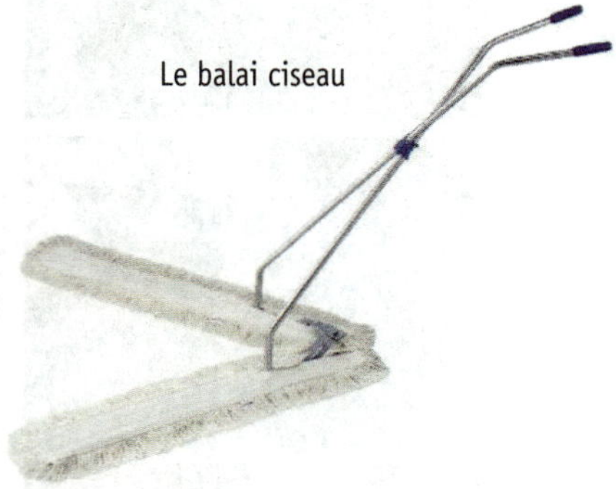

Remarque

Pour les surfaces dégagées telles que les couloirs, il est possible d'utiliser un balai ciseaux équipé de deux franges.

3. Entretien du matériel et contrôle

3.1. Entretien du matériel

- Nettoyer et ranger le matériel.
- Si utilisation de gazes tissées ou de franges, les laver en machine à laver à 90 °C.

3.2. Contrôle du travail

Vérifier qu'il ne reste pas de salissures non-adhérentes sur le sol (poussière, déchets légers) et que tout le mobilier déplacé soit bien replacé.

FICHE 16 LE DÉPOUSSIÉRAGE MÉCANIQUE : ASPIRATION

Matériel		Produits
• 1 aspirateur • 1 poubelle • 1 lavette		• Détergent désinfectant • 1 sac d'aspirateur

Avant de commencer, se mettre en tenue et se laver les mains.

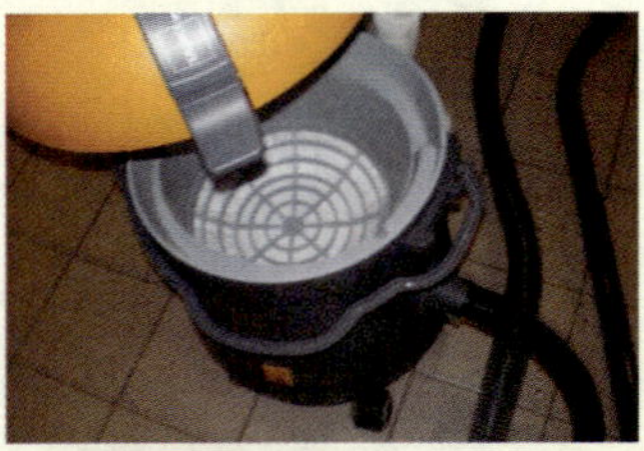  	Préparer l'aspirateur : • mettre le sac à poussières. • positionner le filtre et fixer le moteur avec les crochets. • emboîter les tuyaux rigides les uns dans les autres. • adapter le tuyau souple à la cuve. • fixer au tuyau rigide le suceur adapté au travail à réaliser.
	• Positionner le suceur bien à plat sur la surface à aspirer pour qu'il y ait une adhésion complète.

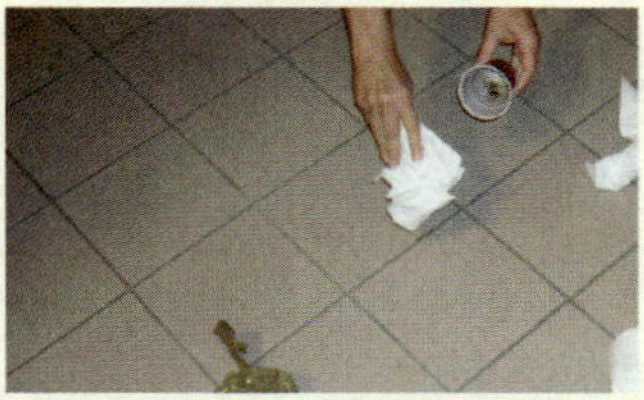	Préparer le sol à dépoussiérer : • déplacer le mobilier léger. • éliminer manuellement les grosses salissures (papiers, crayons, petits objets).
	• Commencer par le fond de la pièce, puis travailler par bandes parallèles avec des mouvements de va-et-vient (pousser devant, puis ramener), et de gauche à droite en faisant chevaucher chaque bande. • Travailler de façon régulière et assez lente. • Insister sur les endroits poussiéreux et sous les meubles en passant plusieurs fois la tête de l'aspirateur.
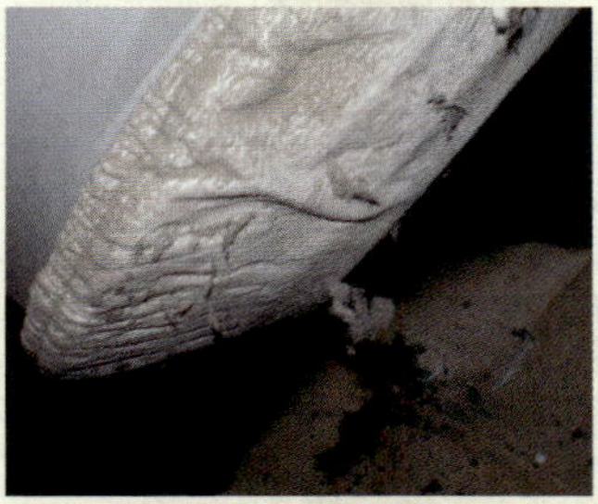 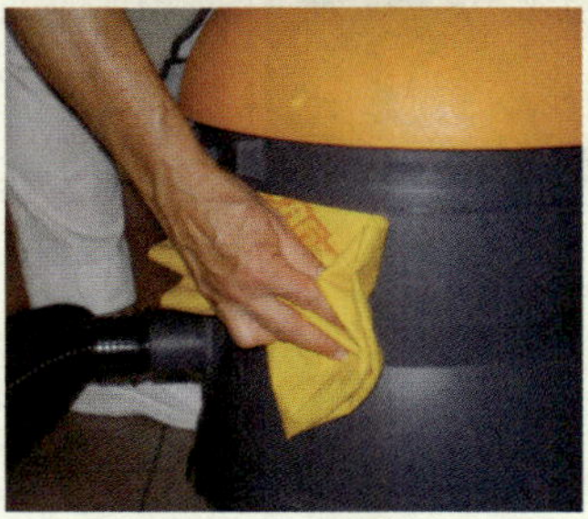	En fin de travail : • ôter le suceur et l'aspirer avec l'embout du tuyau, puis aspirer de l'air pour nettoyer l'intérieur des tuyaux. • débrancher l'aspirateur, l'ouvrir. • oter le sac à poussières, laver la cuve si nécessaire. Nettoyer le filtre. • laver la carrosserie et essuyer le fil électrique. • enrouler le fil correctement. • ranger l'aspirateur et les produits. • effectuer un contrôle visuel (pas de déchets et pas de poussières).

Pour terminer, ranger le matériel et les produits, et se laver les mains.

À savoir

L'aspirateur permet de réaliser un dépoussiérage, sur un sol, par aspiration, ce qui évite la dispersion des poussières dans l'air. Il est utilisé sur des surfaces encombrées ou dégagées.

FICHE 17 LE LAVAGE MANUEL DU SOL : LA TECHNIQUE DES « DEUX SEAUX »

Le lavage d'un sol permet d'enlever les salissures adhérentes.
Avant de commencer le lavage du sol, il faut :

Fiche 15

- se mettre en tenue professionnelle et se laver les mains ;
- effectuer un balayage humide.

1. LE MATÉRIEL ET LES PRODUITS

Matériel	À quoi ressemble-t-il ?	Remarques
• Chariot de lavage : seau bleu + seau rouge + presse • Balai de lavage à plat • Frange • Panneau de signalisation • 1 paire de gants	**Chariot de lavage + Balai de lavage à plat muni d'une frange** 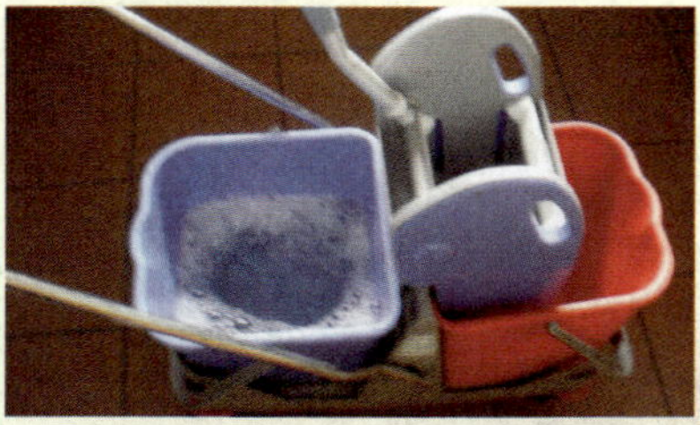 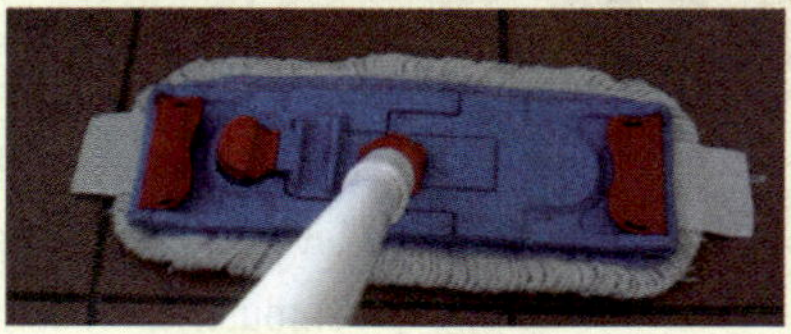	Détergent neutre OU Détergent désinfectant **Remarque** Le chariot de lavage peut être inclus dans un chariot multi-fonctions.

2. La technique

2.1. Lavage du sol d'une salle

La technique des « deux seaux », comme son nom l'indique, nécessite deux seaux, le premier qui sera dédié au détergent et l'autre au rinçage.

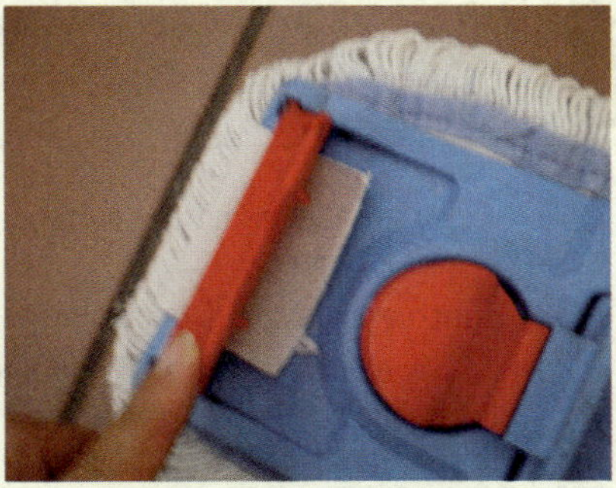	Préparer le matériel : • Remplir le seau rouge avec ¼ d'eau claire. • Remplir le seau bleu avec l'eau et le produit dilué. • Placer la presse au-dessus du seau rouge. • Fixer la frange sur le balai de lavage à plat.
 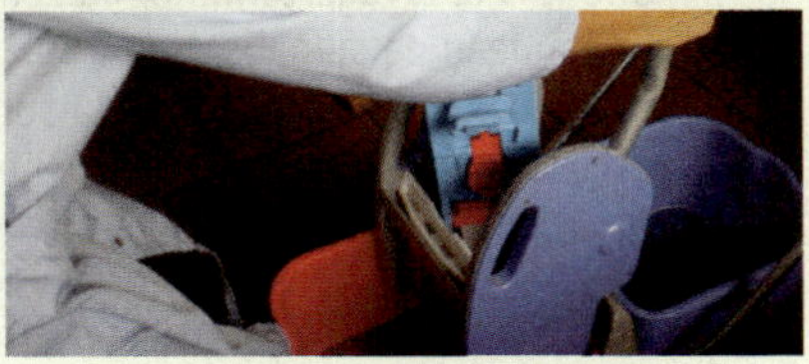	• Procéder au lavage du sol. • Placer le chariot derrière vous. • Tremper les franges dans le seau de solution détergente (seau bleu). • Essorer légèrement la frange avec la presse au-dessus du seau rouge, en maintenant une bonne position de sécurité.
	• Détourer la salle « au poussé ». Fiche 15

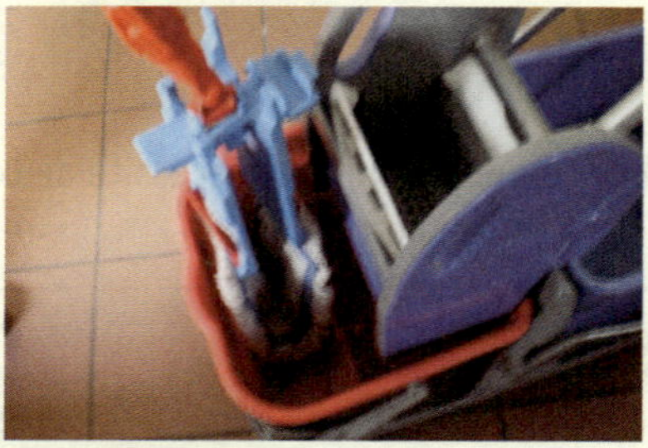	• Rincer les franges dans le seau rouge. • Essorer les franges. • Tremper les franges dans la solution détergente du seau bleu. • Essorer la frange à l'aide de la presse.
	• Laver la salle en partant du fond pour arriver à la porte. • Effectuer le lavage à la godille. • Ne pas oublier de rincer régulièrement les franges et de les tremper dans la solution détergente.
	• Une fois le lavage terminé, placer le panneau de signalisation « Sol glissant » pour indiquer que la surface est mouillée et éviter les salissures ou accidents.

Remarque

Ne pas oublier de rincer régulièrement la frange et de tremper dans la solution détergente.

2.2. Lavage d'un couloir

étape 1 Détourer la moitié du couloir « au poussé ».

étape 2 Laver la moitié du couloir « à la godille ».

étape 3 Placer le panneau de signalisation et laisser sécher.

étape 4 Déplacer le panneau et laver l'autre moitié du couloir.

À savoir

Les règles du lavage manuel au sol

- Le chariot doit être laissé derrière soi.
- Ne jamais marcher dans la zone mouillée.
- Veiller à l'ergonomie:

- **pour tremper la frange:** avoir le dos droit et le manche du balai doit rester vertical.
- **pour soulever la frange:** utiliser le manche comme levier: une main appuie sur le manche et l'autre le soulève.
- **pour essorer la frange:** avoir les pieds décalés, dos droit, plier les genoux, une main tient le manche à la verticale et l'autre main pousse la poignée de la presse vers le bas.

3. Entretien du matériel et contrôle

3.1. Entretien du matériel

- Se munir de gants et démonter les franges qui seront rincées avant d'être lavées en machine à laver à 90 °C.
- Laver et désinfecter les seaux et le châssis du chariot.
- Se laver les mains.

3.2. Contrôle du travail

- Vérifier l'absence de salissure et de traces sur le sol.
- Remettre la salle en état.

Le bionettoyage d'une surface

Avant de commencer, se mettre en tenue et se laver les mains.

1. Matériel et produit

1.1. La méthode des deux seaux

Fiche 17

Matériel	Produits
• 2 seaux de couleurs différentes :  • 2 lavettes de couleurs différentes :  • Du papier à usage unique pour essuyer à la fin, éventuellement, la surface encore humide.	Détergent – désinfectant ⚠ Pour les surfaces alimentaires, utiliser un produit détergent désinfectant alimentaire.

1.2. La méthode de la pulvérisation

Matériel	Produits
• 1 pulvérisateur :  • 1 seau :  • 2 lavettes de couleurs différentes :  • Du papier à usage unique pour essuyer à la fin, éventuellement, la surface encore humide.	Détergent – désinfectant ⚠ Pour les surfaces alimentaires, utiliser un produit détergent désinfectant alimentaire.

2. La technique

Préparer le matériel et les produits.

Le code de couleur des seaux et des lavettes est défini par l'établissement.
Pour illustrer notre propos nous avons donc fait un choix de couleur qui n'est pas officiel.

Méthode des deux seaux	Méthode par pulvérisation
• Préparer la solution détergente désinfectante dans le seau bleu en tenant compte du dosage indiqué sur l'étiquette du produit. • Préparer de l'eau claire dans le seau jaune • Tremper une première lavette dans la solution détergente désinfectante et la plier en 4. • Détourer la surface selon le schéma ci-dessous 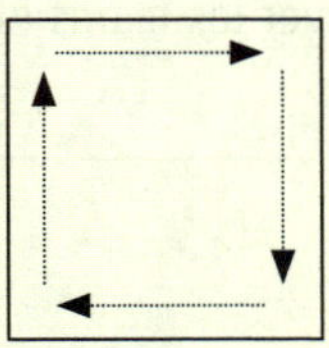 • Laver et désinfecter la surface en utilisant la méthode « à la godille ». • Laisser agir le produit comme indiqué sur l'étiquette. • Rincer à l'eau claire avec la seconde lavette. • Laisser sécher ou essuyer avec un papier à usage unique	• Utiliser une solution détergente désinfectante prête à l'emploi (spray). • Humidifier légèrement la lavette, la plier en 4 et pulvériser la solution détergente désinfectante dessus. • Détourer la surface. 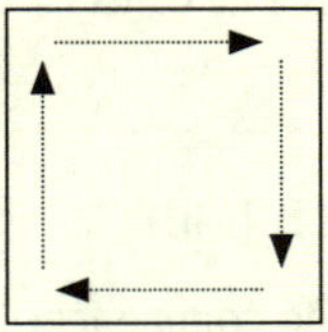 • Laver et désinfecter la surface en utilisant la méthode « à la godille ». • Laisser agir le produit comme indiqué sur l'étiquette. • Rincer à l'eau claire avec la seconde lavette. • Laisser sécher ou essuyer avec un papier à usage unique

3. Entretien du matériel et contrôle

- Nettoyer et ranger le matériel.
- Vérifier qu'il ne reste pas de salissures adhérentes, ni de trace ou de matériel non rangé.

LE BIONETTOYAGE D'UNE TABLE ET DE CHAISES

1. LE MATÉRIEL ET LES PRODUITS

Matériel		Produits
• 4 lavettes • 1 seau • 1 grattoir • 1 paire de gants		• Détergent désinfectant en spray prêt à l'emploi • Eau • Détachant

2. LA TECHNIQUE

Avant de commencer, se mettre en tenue, se laver les mains et mettre éventuellement des gants de ménage.

 	• Préparer le matériel et les produits. • Débarrasser le plateau de la table pour avoir la surface libre. • Détacher, si nécessaire, avec une lavette : stylos et feutres avec de l'alcool ménager, la colle avec un dissolvant sans acétone et une lavette. • Gratter les salissures adhérentes (pâte à modeler, argile, plâtre...).

 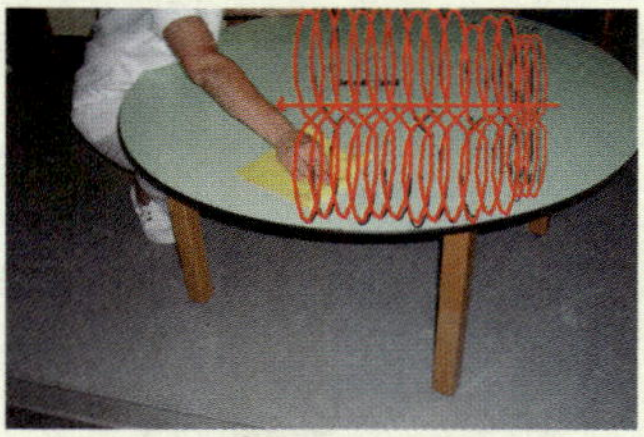	• Humidifier une lavette et la plier en 4 (= surface de la main). • Pulvériser sur la lavette du détergent désinfectant. • Effectuer le détourage. • Laver et désinfecter le plateau de la table en faisant des « 8 » (insister sur les salissures). • Procéder de la même façon pour le dessous du plateau. • Retourner régulièrement une des facettes de la lavette.
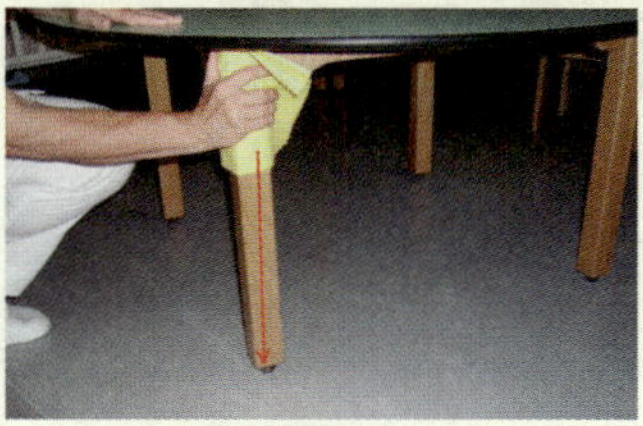	• Laver et désinfecter les pieds de la table en allant du haut vers le bas. • Laisser agir le produit. • Rincer la table avec une nouvelle lavette et de l'eau claire, en utilisant la même procédure (toujours de haut en bas).
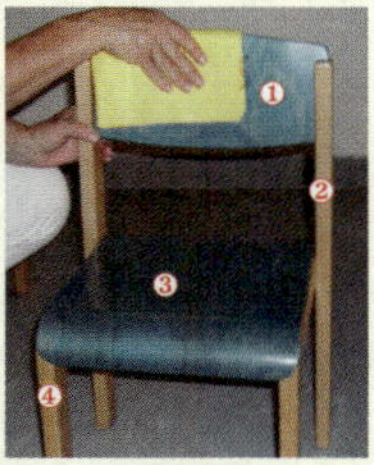	• Laver en travaillant en série avec une autre lavette imprégnée de détergent désinfectant : les dosserets (1) ; les montants (2) ; les plateaux (3) dessus et dessous ; les pieds (4) de chaises de haut en bas.
	• Déposer les chaises à l'envers sur la table.

3. Entretien du matériel et contrôle

• Rincer puis laver en machine les lavettes à 90 °C.

• Laver, désinfecter et sécher le matériel et le ranger.

• Effectuer un contrôle visuel : absence de salissures adhérentes, de traces d'eau ou de produit.

LE BIONETTOYAGE D'UN PLACARD

1. LE MATÉRIEL ET LES PRODUITS

Matériel		Produits
• 1 lavette • 1 serpillière de protection • 1 paire de gants		• Détergent désinfectant en spray

2. LA TECHNIQUE

Avant de commencer, se mettre en tenue, se laver les mains et mettre éventuellement des gants de ménage.

	• Préparer le matériel. • Sortir le contenu du meuble ou des tiroirs en prenant soin de classer les objets par ordre de rangement.
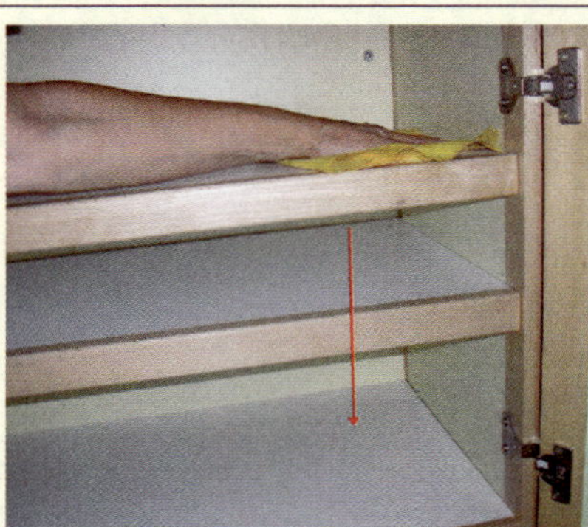	• Plier la lavette en quatre. • Procéder au bionettoyage de l'intérieur du meuble : – travailler de haut en bas et du fond vers l'avant ; – réaliser le détourage, puis travailler « à la godille » ; – maintenir une position ergonomique lors du travail en partie basse : s'accroupir et non courber le dos ; – retourner régulièrement une des facettes de la lavette.

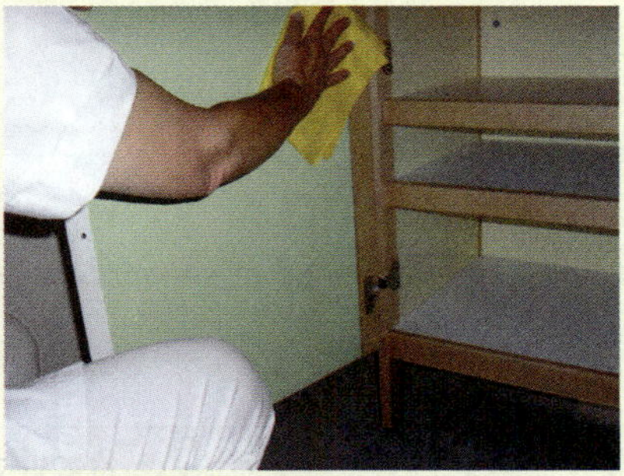	– Procéder au bionettoyage de l'intérieur de la porte : réaliser le détourage puis l'intérieur du panneau « à la godille ».
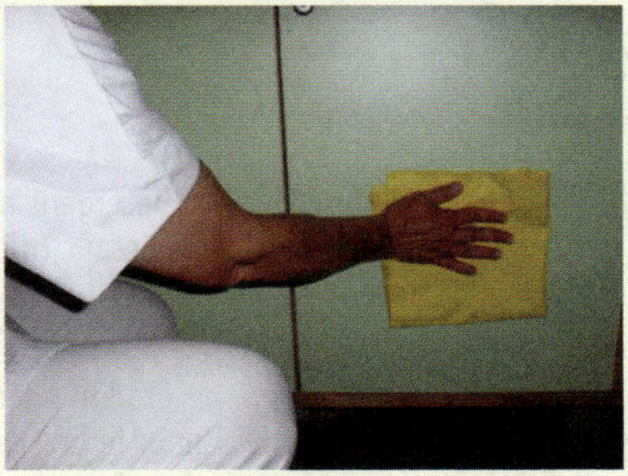	– Effectuer de façon similaire l'entretien extérieur du meuble.
	– Remettre le contenu du meuble en place en vérifiant auparavant son état et en respectant l'ordre initial.

3. Entretien du matériel et contrôle

- Rincer puis laver en machine les lavettes à 90 °C. Laver les serpillières séparément
- Ranger le produit.
- Effectuer un contrôle visuel : absence de salissures adhérentes, de traces d'eau ou de produit.

À savoir

Il est parfois nécessaire de faire du tri dans le placard et d'éliminer les éléments abîmés ou détériorés, ou de laver les objets avant de les ranger sur les étagères propres.

FICHE 21 L'ENTRETIEN DES VITRES

Avant de commencer, se mettre en tenue professionnelle et se laver les mains.

1. LE MATÉRIEL ET LES PRODUITS

Matériel		Produits
• 1 mouilleur avec son support • 1 raclette • 1 perche télescopique (si vitre en hauteur) • 1 seau à vitre • 1 serpillière • 2 lavettes • 1 grattoir	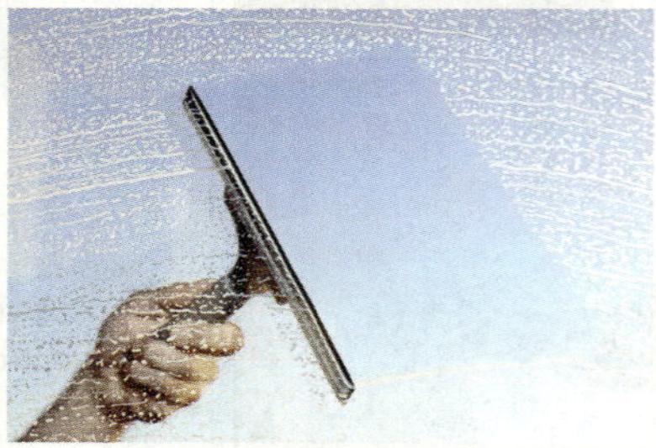 	• Détergent neutre moussant (dilué à 1 %) OU • Produit spécifique pour le lavage des vitres (utilisé pur ou dilué de 2 à 5 %)

2. LA TECHNIQUE

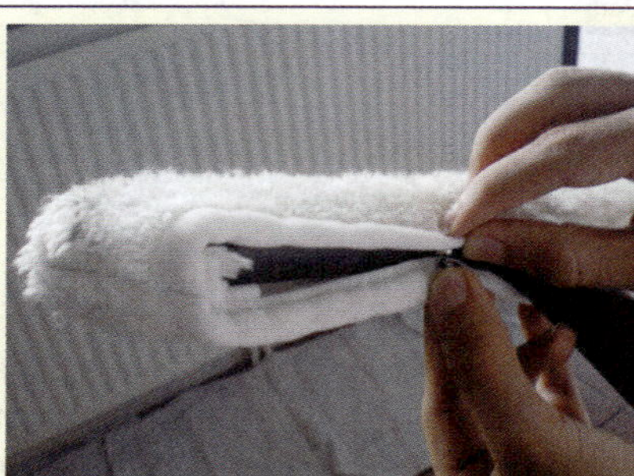

- Préparer le matériel et la solution détergente : un seau avec une solution détergente.
- Installer la serpillière de protection au sol.
- Adapter le mouilleur sur le support

	• Laver l'encadrement avec une lavette et un produit détergent. • Sécher l'encadrement avec une lavette sèche
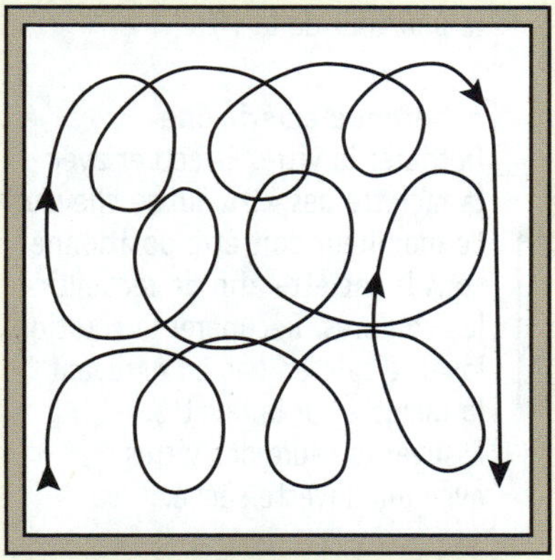	• Commencer par la vitre intérieure. • Avec le grattoir, ôter si nécessaire les salissures adhérentes résistantes. • Tremper le mouilleur dans la solution détergente et l'essorer. • Appliquer la solution au mouilleur sur toute la surface du premier côté : – détourer la surface en insistant sur les angles ; – commencer par le bas et frotter en spirales.
	• Sécher la vitre avec la raclette pour enlever la solution lavante chargée de salissures en utilisant : – soit la méthode à la française ; – soit la méthode à l'américaine.

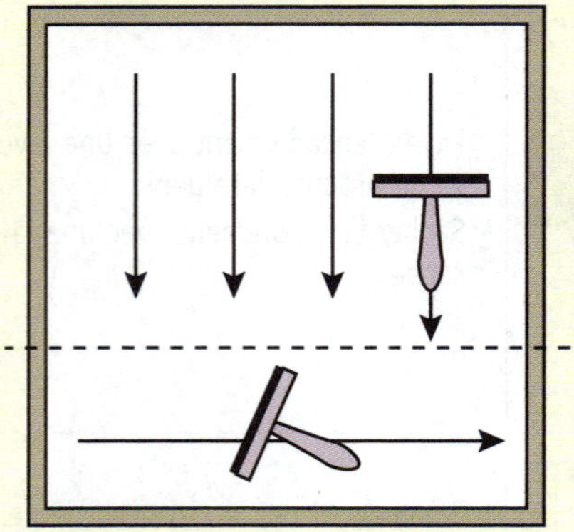	• **Méthode française** Faire glisser la raclette du haut vers le bas en faisant des bandes parallèles qui se chevauchent légèrement sur les 2/3 supérieurs de la vitre. Incliner légèrement le côté droit de la raclette. Essuyer la lame de caoutchouc sur la lavette après chaque bande. Racler latéralement pour rassembler la solution lavante dans l'angle final. Finir de racler et passer une lavette sèche sur le pourtour de la vitre.
	• **Méthode américaine** Détourer la vitre. Effectuer avec la raclette des « S » qui se chevauchent. Le mouilleur doit être positionné sous la raclette afin de recueillir les coulures. Récupérer la solution lavante sale en bas en essuyant la raclette sur la lavette. Essuyer le cadre des vitres avec une lavette sèche.
	• Répéter les mêmes opérations sur la face extérieure de la vitre.

3. Entretien du matériel et contrôle

• Rincer à l'eau claire puis laver en machine à 90 °C le matériel textile.

• Rincer et sécher le matériel manuel avant de le ranger.

• En fin de travail, les vitres doivent être nettes, sans traces de passage de la raclette, sans coulures ni trace d'eau sur le sol.

Remarque

Dans le cas de fenêtre en hauteur, utiliser une perche télescopique sur laquelle le mouilleur ou la raclette sont adaptés.

4. Vrai ou faux ?

• Il ne faut jamais nettoyer les vitres quand le soleil brille !
VRAI. Lorsque la vitre est exposée aux rayons du soleil, l'eau s'évapore plus rapidement sur les vitres et des traînées apparaissent. Il est conseillé de nettoyer à l'intérieur quand le soleil brille.

• Le nettoyage des vitres à l'eau chaude est plus rapide !
FAUX. L'eau ne doit pas être chaude mais tiède afin de ne pas modifier l'efficacité du produit.

• Rien de mieux que le papier journal pour nettoyer les vitres !
FAUX. Il est vrai que le papier journal a des qualités absorbantes, mais l'encre du papier peut colorer les cadres de fenêtre.

LAVAGE ET SÉCHAGE D'UNE PORTE PEINTE

Avant de commencer, se mettre en tenue professionnelle et se laver les mains.

1. LE MATÉRIEL ET LES PRODUITS

Matériel	Produits
• 5 lavettes • 2 seaux • 1 chamoisine • 1 pulvérisateur à eau • Serpillières • 1 raclette • 1 paire de gants • 1 raclette • 1 mouilleur	• Détergent • Détergent/désinfectant en spray • Eau claire

2. LA TECHNIQUE

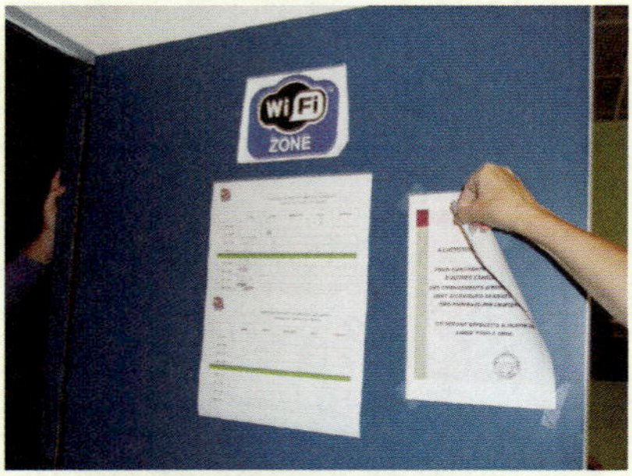	• Préparer le matériel et les produits : un seau avec de l'eau claire et un seau avec du détergent. • Protéger le sol avec des serpillières. • Enlever si nécessaire les affiches ou documents informatifs. • Laver et désinfecter la poignée des deux côtés de la porte avec une lavette.
	• Humidifier la chamoisine avec le pulvérisateur à eau et dépoussiérer l'encadrement, le tour et les côtés de la porte. • Puis laver l'encadrement intérieur et extérieur et le tour de la porte avec une lavette et la solution de détergent de bas en haut. • Rincer à l'eau claire et sécher

	• Laver un côté de la porte avec une lavette et du détergent en commençant **par le bas** et en décrivant des mouvements circulaires (il est possible d'utiliser un mouilleur à vitres pour cette opération).
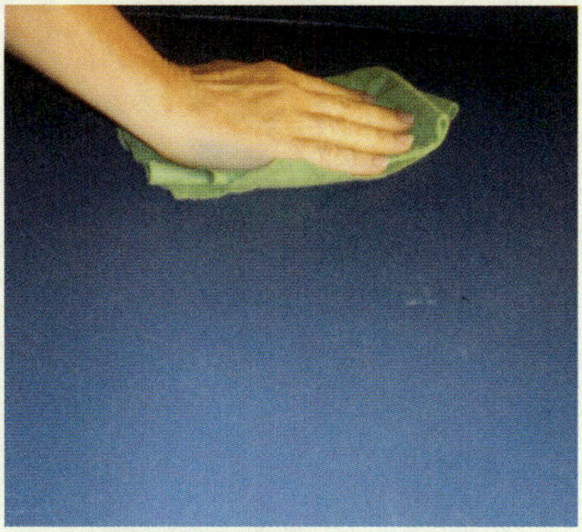	• Rincer sans attendre de **haut en bas** à l'eau. • Sécher avec une lavette sèche ou une raclette en travaillant par bandes parallèles de haut en bas et en faisant chevaucher les bandes. • Recommencer sur l'autre côté de la porte.
	• Laver et désinfecter à nouveau la poignée de la porte. • Repositionner les affiches.

3. Entretien du matériel et contrôle

- Rincer puis laver en machine les lavettes.
- Rincer et sécher le matériel et le ranger.
- Effectuer un contrôle visuel : absence de trace de coulures, de salissure et absence de trace au sol.

LE BIONETTOYAGE DES SANITAIRES

Avant de commencer, se mettre en tenue professionnelle et se laver les mains.

1. LE MATÉRIEL ET LES PRODUITS

Matériel	Produits
• 1 ou 3 lavette(s) jaune(s) et 2 lavettes rouges • 1 seau rouge • Papier toilette • Tampon à récurer blanc • Sac poubelle • Brosse WC • Matériel d'entretien du sol (balayage humide et lavage) • 1 paire de gants	• Détartrant WC • Crème abrasive • Détergent désinfectant

2. LA TECHNIQUE

- Préparer le matériel.
- Ouvrir les fenêtres.
- Tirer la chasse d'eau des WC et déposer le détartrant dans chaque cuvette.
- Laisser agir.
- Vider la poubelle et réaliser le bionettoyage de celle-ci avec une lavette rouge.
- Laisser sécher puis mettre un sac poubelle propre.
- Réaliser le bionettoyage du distributeur de papier toilette, des tuyaux et l'extérieur du WC avec l'autre lavette rouge.

 	• Laver et désinfecter avec une lavette : – les accessoires (exemple : distributeur de savon éventuel) ; – le carrelage mural ; – l'extérieur du lavabo ; – la robinetterie ; – l'intérieur du lavabo. • **Méthode 1 :** appliquer le détergent désinfectant avec une lavette. Laisser agir le produit. • **Méthode 2 :** appliquer la crème abrasive avec une lavette. Laisser agir. Rincer avec une autre lavette. Réaliser ensuite le bionettoyage. • Travailler de l'extérieur du lavabo vers l'intérieur. • Utiliser le tampon à récurer sur les salissures adhérentes. • Terminer par les poignées des portes
 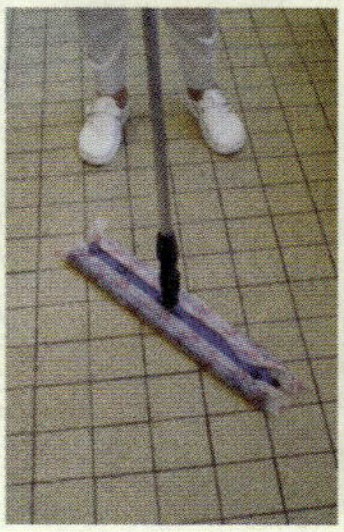 	• Brosser l'intérieur de la cuvette des WC. • Actionner la chasse d'eau. • Verser le seau rouge contenant le détergent – désinfectant. Brosser avec la balayette du WC. • Laisser agir. • Recharger les distributeurs (papier, savon...). • Effectuer le balayage humide des sanitaires. • Réaliser le bionettoyage du sol. • Fermer les fenêtres. • Laver et désinfecter le matériel. • Désinfecter les lavettes en machine à laver à 90 °C.

Pour terminer, ranger le matériel et se laver les mains.

À savoir

Travailler toujours **du plus propre au plus sale.**
Si plusieurs lavabos ou cuvettes de WC existent, effectuer un travail en série.

L'ENTRETIEN D'UNE SALLE DE CLASSE

1. POURQUOI FAUT-IL NETTOYER LA SALLE DE CLASSE ?

L'entretien de la salle de classe est fondamental pour **le bien-être et la santé des enfants**. Il est important de nettoyer et de désinfecter régulièrement pour éviter la prolifération des bactéries et la propagation des maladies. Pendant le temps scolaire, l'ATSEM doit réaliser le rangement et l'entretien des locaux de façon quotidienne et hebdomadaire. Pendant les vacances scolaires, un entretien plus approfondi des locaux est réalisé par l'agent.

2. LE NETTOYAGE : TECHNIQUES ET RÈGLES D'USAGE

Avant de commencer l'entretien, l'agent doit se mettre en tenue et se laver les mains. Il doit préparer le chariot multifonction et les produits : installer le sac-poubelle, disposer de lavettes, de franges, accrocher les balais et remplir les seaux avec l'eau ou la solution de lavage et/ou de désinfection.

Le chariot doit rester devant la salle pour ne pas gêner l'entretien.

Remarque

Les tâches d'entretien doivent être réalisées de « haut en bas ».

Tableau des tâches d'entretien des locaux scolaires
J : entretien journalier ; **H :** entretien hebdomadaire ;
VS : entretien pendant les vacances scolaires.

Produits	Activités	J	H	VS
	• Aérer la salle de classe			
Corbeille à papier	• Éliminer les déchets dans le sac-poubelle			
Bureau	• Dépoussiérer les surfaces non occupées			
Tables + chaises	• Laver et désinfecter le mobilier			
Étagères	• Dépoussiérer la surface • Dépoussiérer les livres			
Armoires	• Dépoussiérer les parois et le haut de l'armoire • Éliminer les traces de doigts autour des poignées			
Évier	• Bionettoyage de l'évier et de la robinetterie			
Tableau	• Laver la surface + la gouttière à craie			
Fenêtres	• Dépoussiérer et laver les fenêtres et les vitres			
Rideaux	• Lavage en machine			
Porte	• Dépoussiérer, laver et désinfecter les parois • Laver et désinfecter les poignées			
Plinthes	• Dépoussiérer et laver			
Plafond	• Dépoussiérer			
Sol	• Dépoussiérer le sol • Laver le sol			
Rangement de la salle	• Replacer le mobilier, fermer les fenêtres, tirer les rideaux			

Vider le chariot, mettre les lavettes et franges séparément à laver en machine à laver, nettoyer et ranger le matériel d'entretien sans oublier le chariot.

LE LAVAGE MANUEL ET MÉCANIQUE DE LA VAISSELLE

Matériel		Produits
Lavage manuel : • 2 bacs • Tampon à récurer vert • Plan d'égouttage • Sac-poubelle • Lavettes **Lavage mécanique :** • Lave-vaisselle		**Lavage manuel :** • Détergent neutre • Détergent désinfectant **Lavage mécanique :** • Produit de lavage • Sel régénérant • Produit de rinçage ou un produit multifonctions

Avant de commencer, se mettre en tenue et se laver les mains.

1. LE LAVAGE MANUEL

	• Désinfecter le plan de travail et l'évier. • Préparer un bac de lavage et un bac de rinçage avec de l'eau chaude. • Préparer la vaisselle : – évacuer les déchets dans la poubelle ; – classer la vaisselle des ustensiles les plus propres aux plus sales : verres, assiettes, couverts, casseroles…
	• Laver suivant l'ordre de classement avec la lavette. • Insister sur les salissures adhérentes avec le tampon à récurer. • Rincer en groupant les catégories d'éléments : les verres puis les couverts… et changer l'eau de temps en temps. • Laisser égoutter. Sécher en milieu familial.

	• Ranger la vaisselle en vérifiant la propreté. • Éliminer les déchets déposés dans les bacs. • Laver et désinfecter les bacs, les plans de travail.

2. Le lavage mécanique

	• Évacuer les déchets dans la poubelle. • Ranger la vaisselle dans le lave-vaisselle : – dans le panier supérieur : les petites pièces (verres, bols, tasses) ; – dans le panier inférieur : les couverts, les assiettes, les casseroles.
	• Ajouter les produits. • Se laver les mains. • Fermer la porte et sélectionner un programme. • À la fin du cycle : – appuyer sur « arrêt » ; – sortir et ranger la vaisselle ; – sortir et laver le filtre ; – nettoyer l'intérieur de la porte.

Pour terminer, ranger le matériel et les produits et se laver les mains.

À savoir

Pour le lavage manuel, le rinçage peut se faire en bac ou à l'eau courante.

L'ENTRETIEN DU LINGE

Lire l'étiquette du vêtement, avant de procéder à un entretien : tri, lavage, séchage, repassage des matières textiles.

1. PRÉPARER

- Vider les poches.
- Déboutonner, fermer les crochets et les glissières.
- Mettre les vêtements à l'envers.

Remarque

Il est préférable de **laver les vêtements à l'envers pour préserver les couleurs** et protéger la matière des frottements du tambour.

2. TRIER

Trier et regrouper les vêtements suivant les symboles d'entretien :

- en fonction des couleurs (blanc, couleur) ;
- en fonction du niveau de salissure ;
- en fonction du poids.

3. LAVER

- Détacher les articles (encre, sang, boue, etc.).
- Traiter les endroits les plus sales : cols, poignets, genoux.
- Faire tremper ou prélaver les articles anormalement sales.
- Vérifier qu'il n'y a pas de travaux de couture à faire.
- Regrouper les vêtements ayant le même code d'entretien (mêmes conditions de température, même durée de lavage, vitesse d'essorage).
- Choisir le programme adapté au lavage.
- Charger correctement le tambour : pas plus de 2/3, pas moins de 1/3 du tambour.
- Utiliser le bon dosage de lessive et placez-le dans le bac réservé à la lessive.
- Rincer abondamment les articles lavés à la main.

À savoir

Si vous chargez trop votre machine à laver, vous risquez de sortir un linge mal lavé, mal essoré et davantage froissé.

Remarque

Il est préférable de ne pas utiliser d'adoucissant pour laver le linge des bébés.

4. Sécher

- Ne pas laisser des vêtements humides dans la machine.
- Éviter les surcharges du sèche-linge afin que les articles sèchent uniformément.
- Penser à nettoyer le filtre du sèche-linge et si nécessaire à vider le réservoir d'eau après chaque utilisation.
- Étirer et lisser les vêtements à la main (pour les défroisser).
- Étendre sur cintre les chemises, vestes...
- Sécher les articles en mailles à plat ou à cheval sur un fil.

5. Repasser

- Le repassage permet de redonner au linge un bel aspect.
- Trier le linge selon la nature du textile.
- Préparer le poste de repassage, mettre l'appareil sous tension.
- La main gauche doit servir à lisser le tissu pour éviter les faux-plis qui peuvent se former sur l'épaisseur du dessous.
- Les « hauts » de vêtements (cols, tailles des jupes et pantalons) doivent toujours être sur votre gauche.
- La partie repassée doit « glisser » devant vous.
- Les parties doubles doivent toujours être repassées à l'envers en premier.
- Repasser à l'endroit tout textile qui doit avoir un aspect très lisse.
- Repasser à l'envers les broderies, chiffres pour leur donner du relief ainsi que les tissus fragiles.
- Plier pour faciliter l'empilage du linge.
- Ranger le linge plié et le matériel après avoir vidé la réserve d'eau.

À savoir

Lorsque c'est possible, repasser le linge sur l'endroit et sur l'envers afin de le désinfecter. **Ne repassez pas les vêtements sales**, car la chaleur peut faire s'incruster les taches.

6. Remettre en état

Il est nécessaire de vérifier l'état du linge avant de le repasser et de mettre en œuvre des techniques de réfection.
Les techniques à mettre en œuvre peuvent être : faire un ourlet, raccommoder un accroc, recoudre un bouton, poser une pièce ou une décoration sur un trou.
Après avoir remis le linge en état, le relaver et le repasser avant de le ranger.

7. Ranger

Un rangement rationnel et organisé est nécessaire car il permet de retrouver rapidement le linge, de connaître l'état du stock dans une collectivité.
Le linge doit être placé de façon à limiter le développement des micro-organismes, et être disposé pour ne pas être froissé à nouveau et rester présentable.

FICHE 27 LE CODE D'ENTRETIEN DES TEXTILES

1. LES SYMBOLES SUR LES ÉTIQUETTES

1.1. Pourquoi sont-ils présents ?

Avant de procéder à l'entretien de matières textiles, il est nécessaire de connaître la signification des signes présents sur les étiquettes.
L'étiquetage d'entretien est facultatif en France ; il indique comment entretenir au mieux les articles textiles. Les symboles précisent ce qu'il faut savoir sur le lavage, le blanchiment, le repassage, le nettoyage à sec et le séchage en tambour.

À savoir

Ces symboles sont issus des marques déposées, gérées en France exclusivement par le Comité français de l'étiquetage pour l'entretien des textiles (COFRET).

1.2. À quoi servent-ils ?

En respectant les indications portées sur les symboles, le consommateur évitera des traitements erronés, n'entraînera pas une usure prématurée de ses articles et obtiendra ainsi de meilleurs résultats.

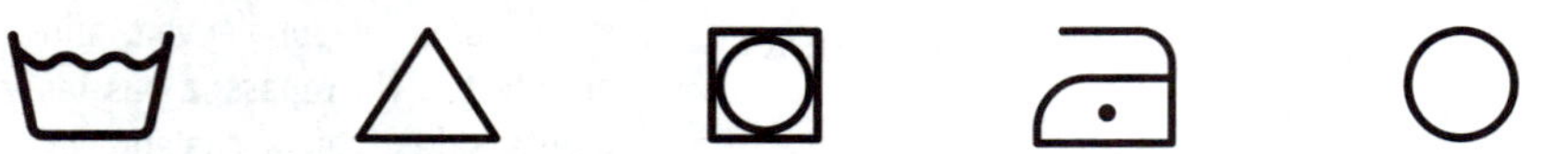

Lavage | Chlorage | Séchage | Repassage | Nettoyage professionnel

2. LE LAVAGE

Ces symboles signifient que l'article peut être lavé à l'eau, en machine.
Les chiffres en dessous du niveau d'eau du cuvier indiquent la température maximale, en degrés Celsius, du lavage en machine.

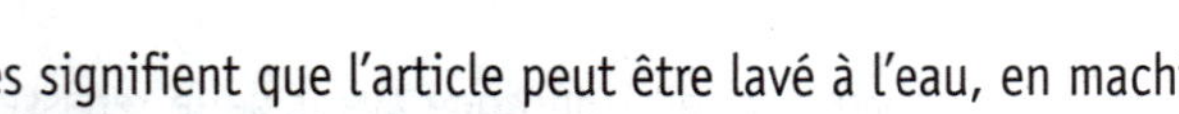

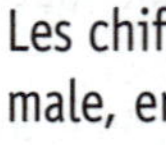

La main indique que l'on doit laver à la main.

Il y a parfois des traits sous le bac, indiquant qu'il faut prendre des précautions particulières : 1 trait = programme doux ; 2 traits = lavage modéré avec essorage réduit.

3. Le chlorage

Le triangle contenant la mention « Cl » à l'intérieur indique que le traitement de chlorage (eau de Javel) est possible.

4. Le séchage en tambour

Le pictogramme du séchage en tambour (cercle inscrit dans un carré) doit être complété par un ou deux points correspondant à deux niveaux : haute température ou basse température.

5. Le repassage

Les points dans le fer à repasser (un, deux ou trois points) indiquent la température maximale, en degrés Celsius, à laquelle les articles peuvent être repassés.

6. Le nettoyage à sec

Les lettres (A, P et F) dans le cercle indiquent au professionnel du nettoyage à sec les solvants qui peuvent être utilisés.

Un trait en dessous du cercle indique que des précautions particulières sont à prendre (restrictions au processus de nettoyage) en ce qui concerne les sollicitations mécaniques et/ou l'addition d'eau au solvant et/ou la température. Dans ce cas, le nettoyage à sec en libre-service n'est pas possible.

7. Traitement interdit

Lorsqu'un symbole est vierge de toute indication d'entretien et barré (au moyen d'une croix dite croix de Saint-André), cela signifie que le traitement est interdit.

LE TRIAGE DU LINGE ET LA MISE EN MACHINE

Matériel	Produits
• Plan de travail • 1 machine à laver • 1 séchoir à linge mécanique, 1 sèche-linge • 1 cintre • 1 paire de gant • 1 sac de linge à laver	• Détergent lessiviel (poudre, liquide, tablette en dose unique et dose liquide), de préférence des lessives douces sans phosphates et sans assouplissant (pour le linge de bébé)

Avant de commencer, se mettre en tenue et se laver les mains.

- Se mettre en tenue et enfiler éventuellement des gants.
- Effectuer un tri du linge : vider les poches, déboutonner, fermer les crochets et les glissières.
- Regrouper les vêtements suivant les symboles d'entretien, en fonction des couleurs (blanc, couleur), du niveau de salissures et du poids.
- Mettre les vêtements à l'envers.
- Regrouper les vêtements de bébé (chaussettes et sous-vêtements) dans un petit filet.

- Consulter les instructions de lavage figurant sur les étiquettes des codes d'entretien.

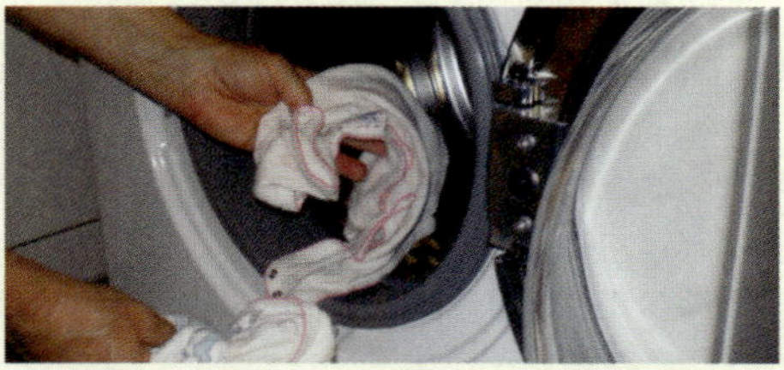

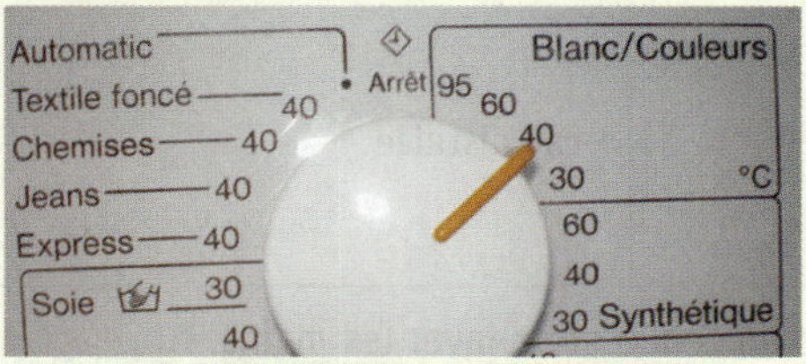

- Détacher, si nécessaire les articles (encre, sang, boue…).
- Charger correctement le tambour (pas plus de 2/3, pas moins de 1/3 du tambour).
- Choisir le programme adapté au lavage avec un rinçage très efficace (programme long).
- Laver à 60 °C minimum tous les textiles d'enfants qui le supportent : les bavoirs, le linge de toilette et la literie.

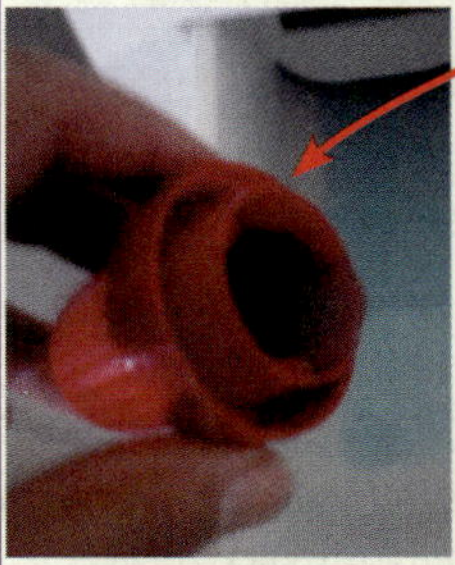

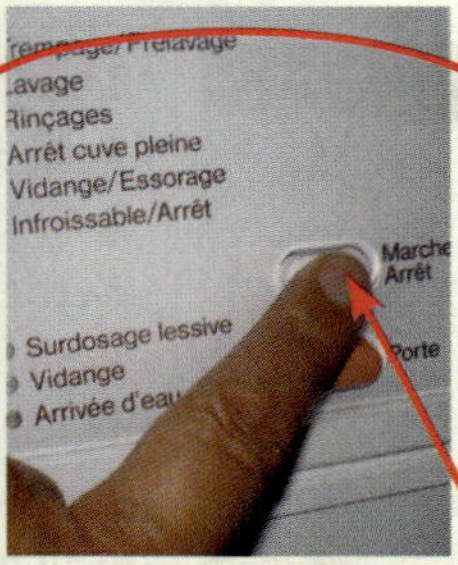

- Mesurer le bon dosage de produit lessiviel et verser dans le bac réservé au produit de lavage.
- Ajouter si nécessaire un produit adoucissant (à éviter pour le linge de bébé) ou de l'eau de Javel en fonction du linge à laver.
- Appuyer sur le bouton « Marche ».

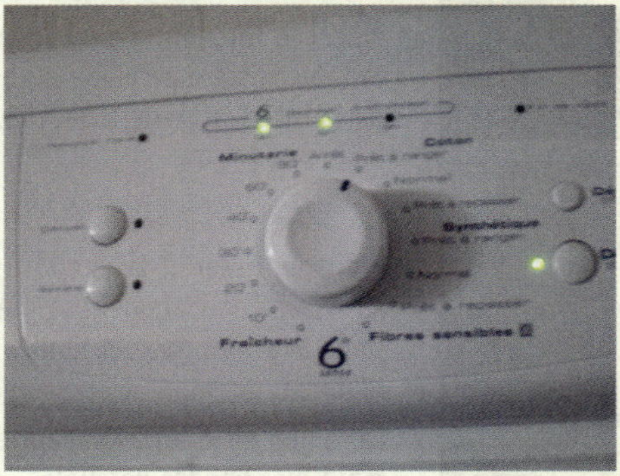

- Étendre sur des cintres les chemises et les vestes à la fin du cycle de lavage.
- Sécher les articles en maille, à plat ou à cheval sur un fil dès la fin du lavage en machine.
- Remplir le sèche-linge en évitant les surcharges et en pensant à nettoyer le filtre du sèche-linge.
- Régler le thermostat en fonction du type de linge.

Pour terminer, ranger le matériel et les produits et se laver les mains.

À savoir

Les codes de lavage

- Lavage du coton (température maximum) ;
- Lavage des synthétiques (température moyenne) ;
- Lavage des lainages (température minimum) ;
- Lavage à la main à (X)°C.

Fiche 29 Le repassage d'un torchon

Matériel	Produit
• Planche/table à repasser • Fer à repasser à vapeur • Tabouret • Corbeille de linge	• Eau distillée

Avant de commencer, se mettre en tenue et se laver les mains.

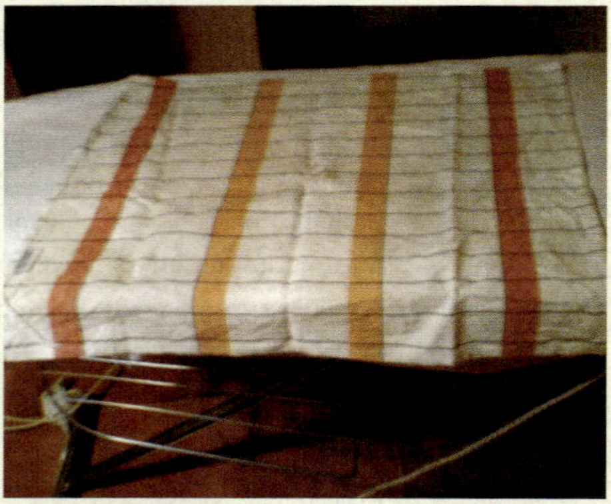	• Installer la table à repasser. • Remplir le réservoir du fer à repasser avec l'eau distillée. • Mettre l'appareil sous tension. • Régler le thermostat sur la température adaptée au coton. • Frauder le torchon (étirer le linge pour le défroisser). • Placer le torchon, endroit contre la table, lisière parallèle au bord de la table, attache à gauche.
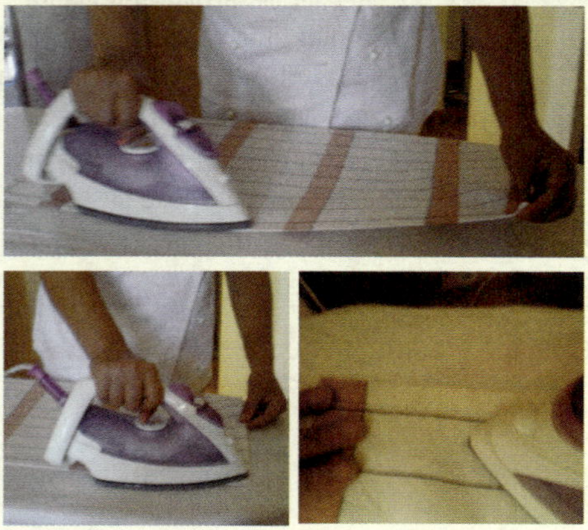	• Préparer, lisser et tendre le tissu en saisissant délicatement la pièce de linge avec le pouce et l'index d'une main. • Faire glisser le fer avec l'autre main, par bandes parallèles, en « godillant ». • Exercer une pression plus soutenue sur les ourlets.

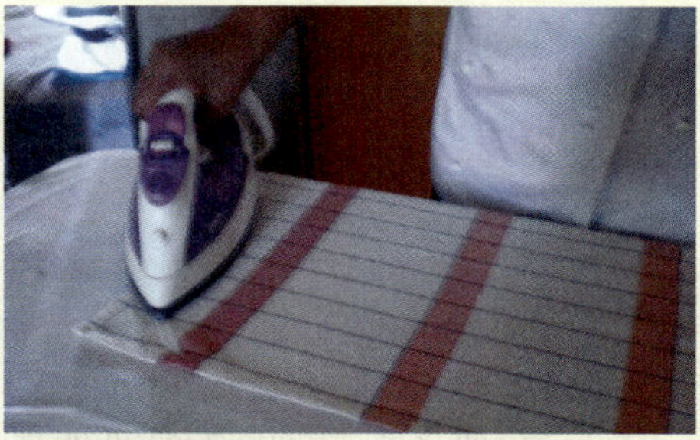	• Repasser dans le sens « chaîne » en remontant puis en descendant. • Repasser tout le torchon de la même manière. ⚠ Il est préférable de repasser tout le linge plat « en série », de le poser à plat sur un plan de travail ou une table.
 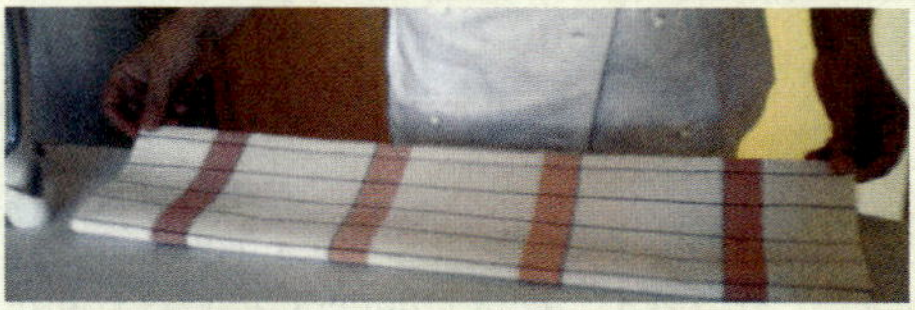	• Positionner le torchon, bien à plat, au bord de la table, l'ourlet sur le dessus visible, l'attache en haut à gauche. • Plier de bas en haut, en trois parties égales. • Marquer le pli avec la main.
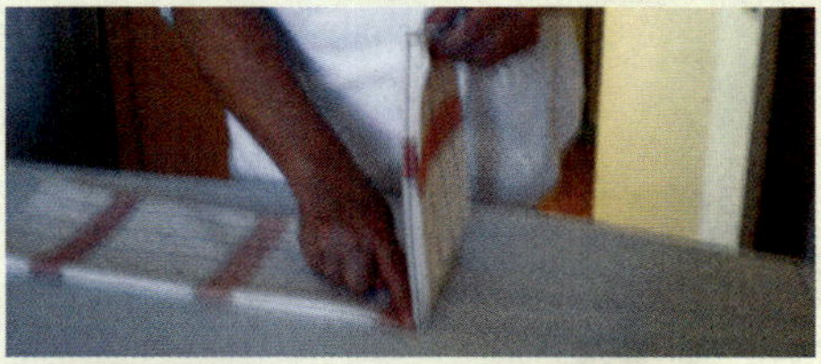 	• Plier le torchon en trois parties égales, d'abord de la droite vers le centre, puis de gauche à droite. La main sert de point de repère à un pliage régulier (lorsqu'il y a plusieurs torchons, réaliser un pliage identique afin de former une pile régulière et facile à ranger). • Débrancher et vider le fer. • Mettre le fer chaud en sécurité. • Ranger le linge.

Pour terminer, ranger le matériel et les produits et se laver les mains.

À savoir

Les codes de repassage

 Fer doux (sans vapeur) : Nylon, polyester, acrylique
 Fer moyen : mélanges en polyester, lainages
 Fer chaud : coton, lin, viscose
 Ne pas repasser

FICHE 30 LE REPASSAGE D'UN DRAP ET D'UNE TAIE

Matériel	Produit
• 1 fer à repasser/centrale vapeur • 1 table/planche à repasser • 1 corbeille de linge à repasser avec une parure de drap	• Eau pour la centrale vapeur ou eau distillée

Avant de commencer, se mettre en tenue et se laver les mains.

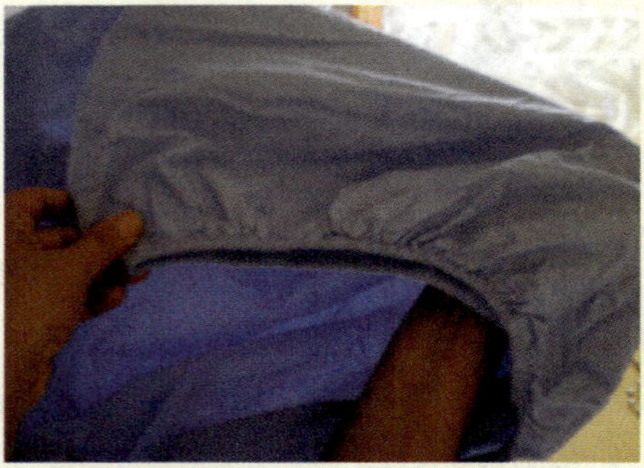	• Installer la table à repasser. • Préparer le repassage en humectant le linge (s'il est trop sec). • Plier le drap en deux, dans le sens de la longueur, envers contre envers puis dans le sens de la largeur. ⚠ Pour un drap-housse, enfiler les coins les uns dans les autres afin que les quatre coins se superposent.
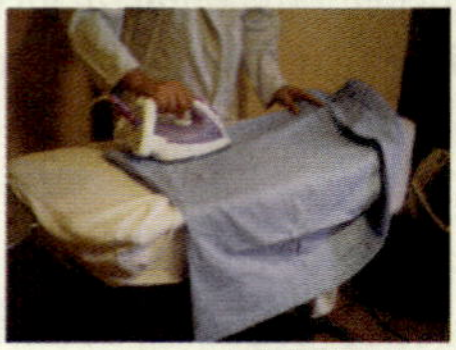 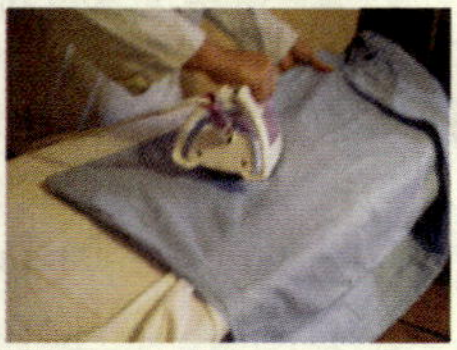 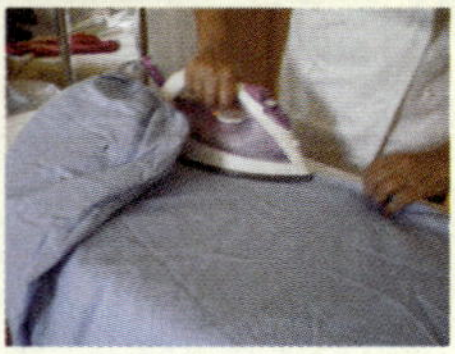	• Placer le drap plié sur la table à repasser et commencer à repasser les lisières. Il est possible de repasser les quatre épaisseurs ensemble. • Diriger le fer avec une main en « godillant ». • Préparer, lisser et tendre le drap avec l'autre main, pour faciliter « la glisse » du fer.

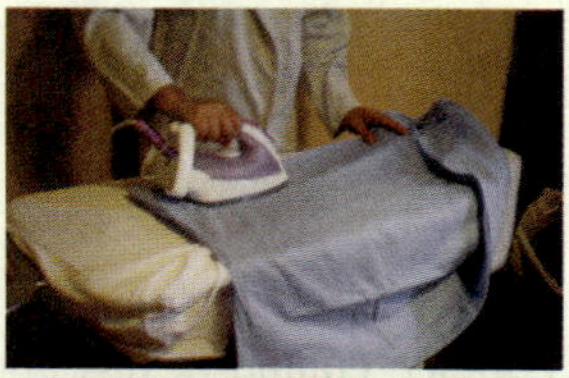 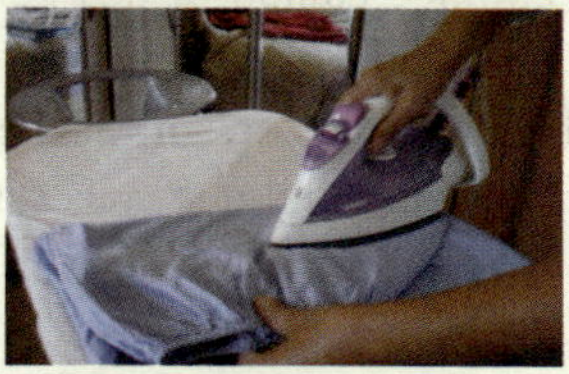	• Repasser toute la surface qui est sur la table à repasser, puis déplacer le drap vers l'avant de la table pour repasser le reste. • Pour le drap-housse, plier les parties rentrées et repasser l'angle et les côtés.
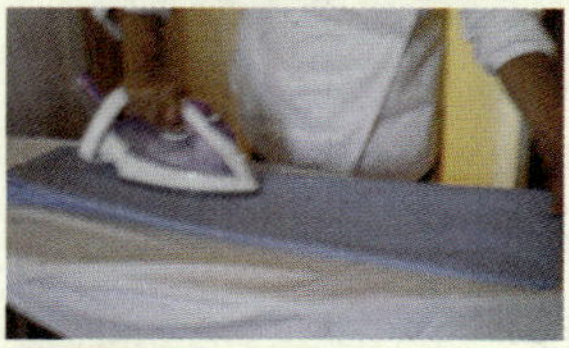 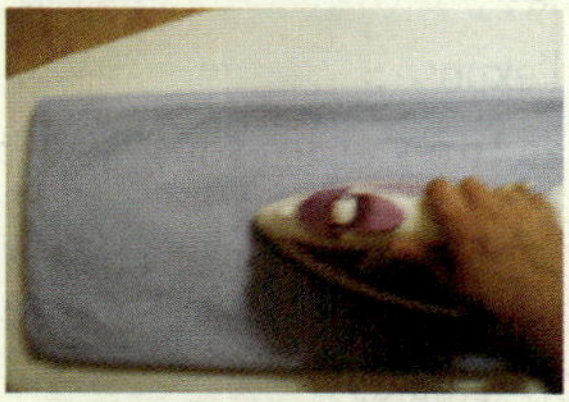	• Plier puis repasser le rectangle ainsi formé.
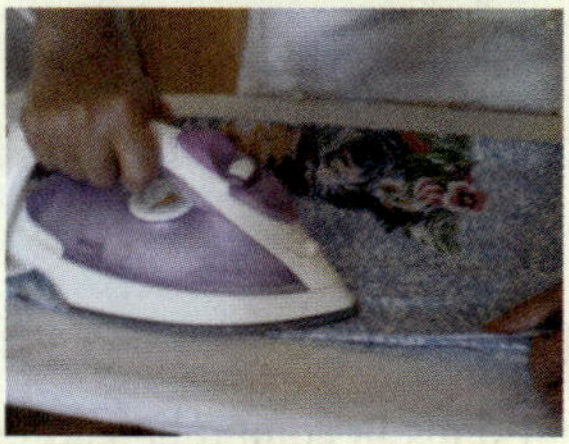 	• Repasser la taie d'oreiller sur les deux faces en glissant le fer par bandes parallèles. • Plier la taie de la même largeur que celle des draps. • Débrancher le fer en fin de travail. • Vider la réserve d'eau du fer. • Mettre le fer encore chaud en sécurité. • Ranger les draps.

Pour terminer, ranger le matériel et les produits et se laver les mains.

À savoir

Il est nécessaire de faire un pliage très régulier afin de faciliter le rangement.

PRÉPARER SON ORAL

Le CAP Accompagnant Éducatif Petite Enfance comporte des épreuves écrites, pratiques et orales, notamment les épreuves **EP1 intitulée « Accompagner le développement du jeune enfant »** et **EP3 « Exercer son activité en accueil individuel ».** Durant ces épreuves, vous devez montrer que vous savez vous exprimer à l'oral et que vous êtes capable de réaliser un exposé clair et précis mettant en relief votre expérience.

1. PRÉPARATION ÉCRITE DE L'EXPOSÉ ORAL

Afin de préparer votre exposé, il faut réaliser une fiche écrite de son déroulement.

Pour cela, vous devez :

- utiliser uniquement le recto de la fiche ;
- faire un plan succinct du contenu de l'exposé ;
- faire ressortir en couleur ou en gras les titres et les sous-titres ;
- faire des phrases courtes (10 à 12 mots) ;
- utiliser le présent ;
- faire apparaître clairement les idées principales ;
- utiliser un vocabulaire professionnel adapté au secteur d'activité.

Une fois ce travail réalisé, mémorisez cette fiche sans pour autant la réciter par cœur, puis **entraînez-vous à la présentation orale**.

2. PRÉPARATION À LA PRÉSENTATION ORALE

Il existe 3 composantes qui interviennent dans la compréhension d'un message : **le sens des mots** pour 7 %, **l'intonation** pour 38 % et **le langage non verbal** (expressions du visage, langage corporel) pour 55 %. Lors de l'oral, il faut donc surveiller tout autant le contenu du message que la façon de le transmettre.
Pour cela, il est souhaitable de :

- **s'exercer à dire son exposé devant un miroir** pour maîtriser ses gestes ;
- **présenter son exposé à une personne** de l'entourage afin d'en vérifier la compréhension sur le fond (le contenu) et la forme (la façon de s'exprimer) ;
- **se filmer** afin de visionner, puis de rectifier, éventuellement, la maîtrise de son corps et de sa voix ;
- **se chronométrer** afin de ne pas dépasser le temps imparti.

3. Grille d'autoévaluation à la préparation orale

Afin d'être le plus compétent possible lors de l'entretien, il faut répondre oui à chacune des questions ci-dessous et retravailler chaque élément pour lequel une réponse négative a été mentionnée.

Grille d'auto-évaluation préparatoire à l'oral	Oui	Non
Le contenu		
• Se présenter		
• Présenter le plan		
• Parler lentement sans lire ses notes		
• Utiliser un vocabulaire professionnel		
• Utiliser un langage clair et précis		
• Faire des phrases courtes ne comportant qu'une seule idée		
• Faire une conclusion permettant de synthétiser votre exposé et de donner votre avis, s'il y a lieu		
La voix		
• Bien articuler		
• Être audible		
• Varier ses intonations		
• Modérer et varier son débit de parole		
• Éviter les mots « parasites » (Euh, Ben, Hein…)		
La posture et les gestes		
• Se tenir droit et assis correctement		
• Éviter certaines postures : jambes écartées, main devant la bouche, bras croisés…		
• Ne pas faire trop de gestes parasites (balancements, se gratter…)		
• Accentuer son message verbal par des gestes des mains		
• Contrôler sa respiration pour aller au bout de ses phrases		
Le visage et le regard		
• Adopter un visage expressif et ouvert		
• Montrer son désir de communiquer avec le jury		
• Regarder alternativement les auditeurs		
• Ne pas regarder ses notes		

PRÉSENTER SON ORAL

Les épreuves **EP1 intitulée « Accompagner le développement du jeune enfant »** et **EP3 « Exercer son activité en accueil individuel »** sont des épreuves orales. Les commissions d'évaluation sont constituées de deux membres, un professeur de la spécialité et un professionnel dans toute la mesure du possible ou deux professeurs de la spécialité.

1. SOIGNER SON IMAGE ET SA TENUE

La tenue et la présentation du candidat doivent être adaptées à un examen oral. Pour cela, vous devez :

- avoir une tenue propre et repassée ;
- choisir une tenue dans laquelle vous êtes à l'aise mais qui ne soit ni négligée (exemple : jogging, jean...) ni provoquante (exemple : jupe trop courte, décolleté inapproprié...) ;
- porter des chaussures confortables et classiques (pas de baskets) ;
- vous maquiller sans exagération ;
- enlever piercing et bijoux trop volumineux ;
- proscrire l'usage du chewing-gum.

2. VEILLER À SON ATTITUDE NON VERBALE

Il y a quatre postures physiques qui génèrent des attitudes différentes et qui peuvent marquer l'auditoire. Elles se décomposent en deux familles : **rapport à la verticalité et rapport au mouvement.**

2.1. Rapport à la verticalité

- **L'extension :** attitude de domination ou de quant-à-soi.
- **La contraction :** attitude de soumission.

L'idéal est d'être dans sa verticalité, ni en extension, ni contracté, tiré vers le haut, le buste en ouverture.

2.2. Rapport au mouvement

- **Vers l'avant :** attitude de partage et d'ouverture aux autres.
- **Vers l'arrière :** attitude de fuite et de crainte.

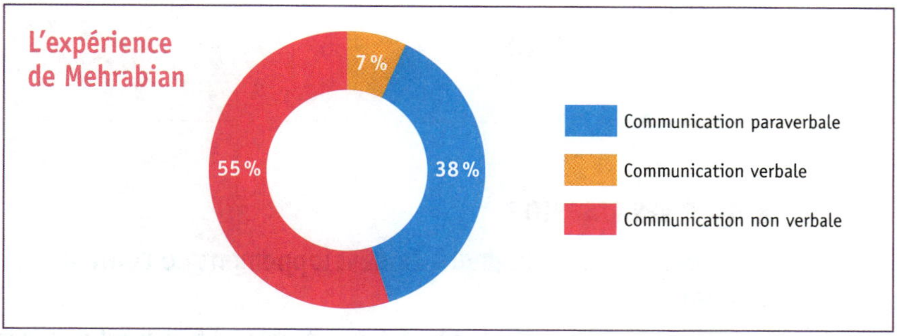

Albert Mehrabian, professeur et chercheur en psychologie, a mis en évidence l'importance de la communication non-verbale dans une interaction.

3. Présenter l'oral

Durant l'oral, il est souhaitable de :

Fiche 31

- **Mettre en pratique** tous les conseils vus lors de votre préparation.
- **Conserver la parole durant le temps imparti** afin de prouver vos capacités d'expression, votre expérience et éviter trop de questions par la suite.
- **Aller à l'essentiel** pour ne pas diluer dans des détails inutiles les éléments importants à présenter.

4. Répondre aux questions du jury

Les auditeurs sont là pour vous évaluer, il est donc normal qu'ils cherchent à connaître vos connaissances et demandent des précisions sur votre exposé. Il faut donc :

- **Être capable d'expliquer le moindre détail de vos écrits** (fiches ou projet d'accueil).
- Rester concentré et bien réfléchir avant de répondre.
- Ne pas répondre trop rapidement, ni trop brièvement ou par un « je ne sais pas ».
- **Développer et argumenter vos réponses.**
- **Parler clairement et distinctement**, en utilisant des phrases simples et courtes.
- **Rester professionnel** quelle que soit la situation et **répondre poliment** aux remarques et contradictions du jury.
- **Ne pas souffler ni montrer son agacement.**
- **Ne pas être trop familier** dans le langage comme dans l'expression.
- **Ne pas faire semblant de savoir** si ce n'est pas le cas.
- Demander une reformulation si nécessaire.

Remarque

En cas de doute, **essayer de trouver une réponse logique** en réfléchissant à haute voix.

FICHE 33 ORGANISER SON ACTION

1. DÉTERMINER LES PRIORITÉS

1.1. Prendre en compte le degré de développement de l'enfant et son autonomie

Fiche 1
Fiche 2

Quels que soient l'âge de l'enfant et la tâche à effectuer, il faut avant de commencer **s'informer sur l'usager** afin de répondre au mieux à ses besoins tout en respectant ses capacités et son autonomie.

1.2. Prendre en compte les ressources et les contraintes

Une fois informé, je dois prendre en compte le matériel et les locaux dont je dispose pour pouvoir établir une chronologie de mes activités. Toute activité se prépare de la façon suivante :

<table>
<tr><th>Avant</th><th>Pendant</th><th>Après</th></tr>
<tr>
<td>• S'informer.
• Se laver les mains.
• Préparer mon poste (désinfecter par ex.).
• Regrouper les matériels et les produits.
• Installer son poste en respectant la marche en avant : du plus propre au plus sale.</td>
<td>• Se laver les mains.
• Prendre l'enfant.
• Effectuer la tâche.
• Ne pas croiser les circuits propres et sales.
• Mettre en sécurité l'enfant en fin de tâche.</td>
<td>• Ranger et vérifier l'état des stocks.
• Jeter les déchets dans une poubelle.
• Trier le linge sale et le mettre au sale.
• Désinfecter le plan de travail.
• Vérifier la zone de travail.
• Se laver les mains.
• Transmettre.</td>
</tr>
<tr><td colspan="3">• Éviter les allers-retours et les répétitions des gestes.
• Vérifier les étiquettes (dates de péremption, dosage, mode d'emploi...).
• S'autoévaluer et proposer des améliorations.
</td></tr>
</table>

Il existe différents postes de travail selon l'INRS confère PRAP.

Sigle

PRAP : Prévention des Risques liés à l'Activité Physique.

2. Réorganiser son activité ou celle des enfants en fonction de nouvelles contraintes

Parfois, malgré notre préparation en amont de l'activité, il convient pour des raisons de sécurité ou d'hygiène de modifier notre organisation.

Une urgence	• Respecter les protocoles d'urgence en vigueur dans la structure ou dans votre contrat avec les parents • Informer votre supérieur hiérarchique • Prendre des initiatives dans la limite de vos compétences • Informer les responsables de l'enfant • Assurer les gestes de secours
Une nouvelle contrainte	• Je dois être capable de me réorganiser en fonction des nouvelles contraintes tout en respectant les critères de sécurité, d'hygiène et de confort pour l'enfant.

3. Les protocoles d'urgence : la conduite à tenir

Ils s'appliquent **sous la responsabilité d'un médecin référent** dans les établissements d'accueil du jeune enfant ainsi qu'aux assistantes maternelles en accueil familial (crèche familiale).

Les parents sont prévenus immédiatement par la directrice ou une personne déléguée, de toute situation où la santé de leur enfant nécessite un soin, une prise en charge médicale par un médecin ou en cas de recours au Service d'Aide Médicale d'Urgence (SAMU).

Les protocoles permettent de déterminer la conduite à tenir selon les situations. Dans tous les cas, il convient de rester aux côtés de l'enfant, de le prendre en charge, de le rassurer et de tenir les autres enfants éloignés.

Les protocoles d'urgence sont consultables par les parents et ces derniers doivent attester en avoir pris connaissance au moment de l'admission, ainsi que signaler toute allergie ou intolérance.

PLANIFIER SON ACTION

1. ORGANISER UN PROGRAMME DE TRAVAIL

Les structures d'accueil du jeune enfant organisent leur programme de travail autour des activités suivantes :

2. PLANIFIER LES TÂCHES

Organiser le travail, c'est établir une planification des tâches en fonction :
- des besoins de l'enfant ;
- des ressources (matérielles, humaines...) ;
- des contraintes du milieu (horaires, locaux...) ;
- des consignes données ;
- du projet éducatif/pédagogique de la structure ; Fiche 39
- des principes éducatifs/habitudes/particularités des parents.

Afin de réaliser un travail de qualité, **planifier permet** :
- de lier les différents acteurs autour d'objectifs communs ;
- de répondre aux besoins des enfants ;
- d'optimiser les conditions de réalisation des différentes tâches (hygiène, efficacité, économie, ergonomie, sécurité).

PRÉVOIR		
Que faire ? **Se poser les questions**		**Dans quel but ?** **Justifier**
Qui ?	• Quel(s) enfant(s) ? • Combien d'enfants ? • Quel âge ?	• Respecter les particularités de chaque enfant. • Répondre aux besoins de l'enfant. • Proposer des activités adaptées au développement des enfants, au rythme de vie des enfants.
Quoi ?	• Quelle activité ? • Quelle tâche ?	• Adapter l'activité en fonction des projets, des objectifs, des besoins…
Quand ?	• À quel moment de la journée ? • Pendant combien de temps ? • À quelle fréquence ?	• Proposer une chronologie cohérente des activités. • Favoriser la variété des activités. • Respecter les capacités des enfants, les rythmes. • Développer l'autonomie. • Solliciter l'éveil.
Comment ?	• Dans quelles conditions ?	• Instaurer des conditions de sécurité optimales. • Favoriser le confort, le plaisir. • Répondre aux objectifs de l'activité.
Où ?	• À quel endroit ?	• Exploiter les lieux et les équipements avec pertinence.
Avec quoi ?	• Avec quels matériels, quels produits ?	• Proposer une activité adaptée. • Être efficace. • Respecter (économiser) les produits, les matériels et les équipements.
Avec qui ?	• Avec quelles personnes ? • Avec combien de personnes ?	• Respecter les règles d'encadrement (sécurité). • Intervenir dans la limite de ses compétences. • Optimiser la qualité, la réussite.
PLANIFIER		

Fiche 33

Parfois, malgré la planification de son action, il convient pour des raisons de sécurité ou d'hygiène de réorganiser son activité ou celle des enfants en fonction de nouvelles contraintes, de façon à suivre des protocoles d'urgence. Ils permettent de déterminer la conduite à tenir selon les situations.

L'ÉTAT DES STOCKS

1. SUIVRE L'ÉTAT DES STOCKS

Les stocks en matériel et produits sont nécessaires au fonctionnement. Il faut les tenir à jour afin de gérer les commandes pour ne pas manquer d'éléments.
Le suivi des stocks peut se faire de façon manuelle ou informatisée. Il consiste à comptabiliser les entrées et les sorties pour faire le bilan des volumes restants.

Outil de gestion informatisé :

ENTRÉES				SORTIES			
Date	Qté	Coût unitaire	Coût total	Date	Qté	Coût unitaire	Coût total
SI	100	14,50	1 450	Conso	1 200	14 742	17 690 400
01/10	100	15,20	1 520				
08/10	250	14,72	3 680				
12/10	200	14,90	2 980				
17/10	400	14,45	5 780				
25/10	200	15,20	3 040				
30/10	200	14,90	2 980	Stock final	250	14 960	3 740 000
	1 450		21 430		1 450		21 430 400

2. ESTIMER DE FAÇON RÉALISTE LES VOLUMES ET LA ROTATION

Le contrôle des produits et des matériels en quantité et en qualité (vérification des dates de péremption, suivi de maintenance du matériel…) optimise leur utilisation.

Remarque

Sur les emballages, on parle de date limite de consommation (DLC) ou d'une date de durabilité minimale (DDM).
La DLC indique une limite impérative afin de ne pas mettre en danger la santé. Elle s'exprime sur les conditionnements par la mention : *À consommer jusqu'au…* suivie de l'indication du jour et du mois.
La DDM n'a pas le caractère impératif de la DLC. Une fois la date passée, la denrée peut avoir perdu tout ou une partie de ses qualités spécifiques, sans pour autant constituer un danger pour celui qui le consommerait (le café perd de son arôme par exemple). La DDM est exprimée sur les conditionnements par la mention : *À consommer de préférence avant le…*

Il faut être vigilant sur le nombre exact des produits et surtout sur la présence d'un stock « tampon » ou de « sécurité » qui permet de pallier toutes éventualités.

Exemple : un besoin accru en couches du à une gastro-entérite, un retard de livraison...

3. Transmettre de façon qualitative les besoins et signaler les anomalies

Pour une gestion des stocks de qualité, il est nécessaire de savoir utiliser les bons de commande, les bons de livraisons, les factures et les fiches de stock afin de :

- signaler les stocks minimaux avant la rupture ;
- réceptionner, ranger et classer les produits ;
- réaliser régulièrement des inventaires.

BON DE COMMANDE

Adresse de livraison :

COMMANDE		LIVRAISON	
Date :		Date :	
Service :		Heure de livraison :	
Interlocuteur :		Lieu :	
Téléphone :			
Fax ou Email :			

FACTURATION		
Société :	Adresse :	
Service :		
Imputation :		

	Quantité	Prix € unitaire HT	Total
Couche			
Papier à usage unique			
Détergents/Désinfectants			
Sac-poubelle			
Gants de ménage			
TOTAL DE LA COMMANDE € HT			
TOTAL DE LA COMMANDE (dont taxes)			

Commande à renvoyer à :

Signature	

À savoir

Il est nécessaire de se laver les mains après chaque contact contaminant, de mettre des gants pour la manipulation de produits dangereux et de stocker les produits dangereux hors de portée des enfants.

LE PROJET D'ACCUEIL

1. QU'EST-CE QU'UN PROJET D'ACCUEIL ?

1.1. Définition

Fiche 7

Le projet d'accueil est un document qui permet à l'assistant maternel de **réfléchir à sa façon de travailler:** comment conçoit-il le moment de la sieste, du repas, de l'accueil? Quels moments de jeux propose-t-il? Comment accueille-t-il l'enfant et sa famille?

1.2. Son rôle

La création de cet outil (appelé aussi **livret d'accueil**) permet une réflexion afin d'expliquer aux familles comment l'enfant va être accueilli, ce qu'il va faire chez son assistant maternel, quelles relations vont exister entre l'assistant maternel et les parents de l'enfant... Il est **une invitation à établir le dialogue entre l'assistant maternel et les parents.**

Ainsi, les parents connaissent mieux la personne à qui ils vont ou ont confié leur enfant. Ce document montre que **l'assistant maternel ne fait pas les choses par hasard**, qu'il a réfléchi à sa pratique. Il peut relater une journée-type, parler du respect de la culture de l'enfant, de son rythme de sommeil, de la période d'acquisition de la propreté.

2. LES POINTS ABORDÉS

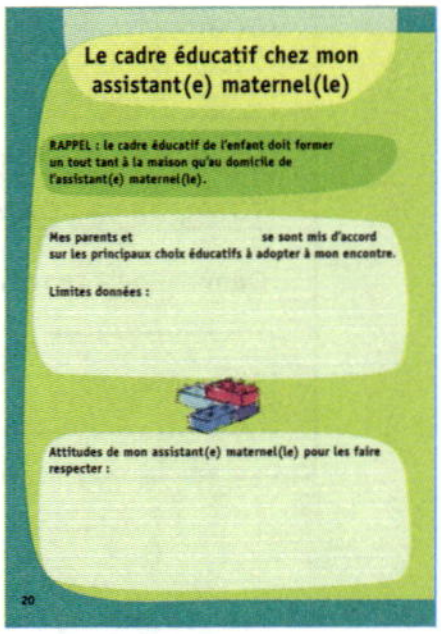
Le cadre éducatif chez mon assistant(e) maternel(le)

RAPPEL : le cadre éducatif de l'enfant doit former un tout tant à la maison qu'au domicile de l'assistant(e) maternel(le).

Mes parents et se sont mis d'accord sur les principaux choix éducatifs à adopter à mon encontre.

Limites données :

Attitudes de mon assistant(e) maternel(le) pour les faire respecter :

20

- **Les relations parents/assistant maternel:** modalités de communication, documents de liaison, attentes...
- **Positionnement éducatif:** continuité éducative, politesse, pleurs, colères, autorité, limites à définir, respect des autres et des objets.
- **Les repas et l'alimentation:** menus, déroulement, ambiance, lieu, étapes de l'alimentation diversifiée...
- **Le sommeil:** temps de sommeil, rituels de l'endormissement et du levé, lieu de repos, matériel utilisé, position de l'enfant, signes de fatigue...
- **La période d'adaptation:** déroulement, objectifs, organisation...
- **L'accueil:** le matin à l'arrivée et le soir au départ, horaires, rituels, personne amenant ou cherchant l'enfant...

- **Acquisition de la propreté :** attitude de l'assistant maternel, moment, mise en place, déroulement…
- **Le moment du change :** déroulement, lieu, rituels…
- **L'hygiène :** lavage des mains, des dents, moments de la journée…
- **Développement moteur :** attitude de l'adulte, ce qui est autorisé/interdit, prise de risque, activités proposées/possibles…
- **Éveil, jeu :** à quel moment, organisation/déroulement, types d'activités, fréquentation du Relais Assistants Maternels, d'une ludothèque, bibliothèque/médiathèque, jeux d'extérieur, promenades, sorties, collectivité, télévision, jeux vidéo…
- **Autonomie, règles, autorité :** place de l'assistant maternel, règles chez l'assistant maternel, conception de la punition, politesse, moments affectifs…
- **Assistant maternel :** nom donné par les enfants (tati, nounou ou le prénom), outils/jeux et matériel utilisés, journée type, parcours professionnel, famille, animaux (race, nombre).
- **Doudou et tétine :** oui/non, à quels moments, entretien…
- **Sorties, habitudes :** Relais Assistants Maternels, bibliothèque, promenades, forêt, marché, fréquentation de grande surface, spectacles…
- **Situations particulières :** enfant malade, assistant maternel malade.

Bien d'autres sujets peuvent être abordés, réfléchis. **Le livret d'accueil sera donc bien différent d'un assistant maternel à un autre.**

Remarque

Il faudra aussi, au fil du temps, **mettre ce document à jour** afin de suivre au mieux le développement de l'enfant.

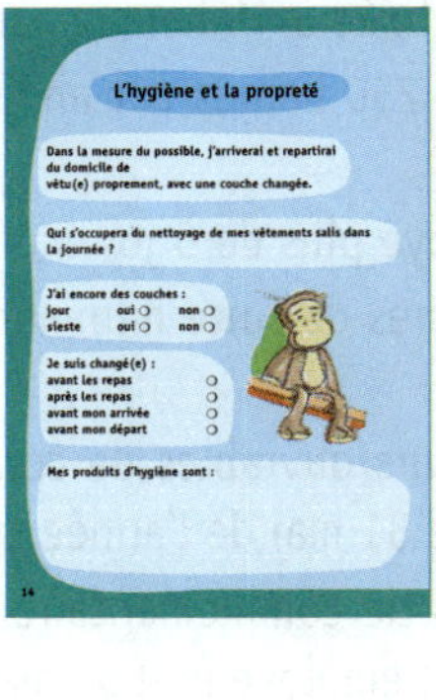
L'hygiène et la propreté

Dans la mesure du possible, j'arriverai et repartirai du domicile de
vêtu(e) proprement, avec une couche changée.

Qui s'occupera du nettoyage de mes vêtements salis dans la journée ?

J'ai encore des couches :
jour oui ○ non ○
sieste oui ○ non ○

Je suis changé(e) :
avant les repas ○
après les repas ○
avant mon arrivée ○
avant mon départ ○

Mes produits d'hygiène sont :

14

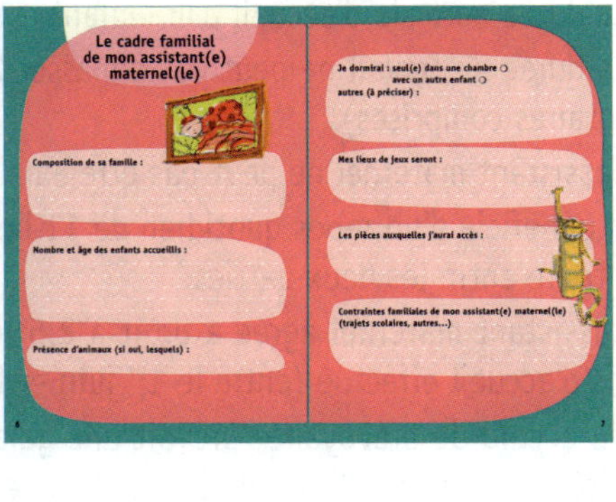
Le cadre familial de mon assistant(e) maternel(le)

Composition de sa famille :

Nombre et âge des enfants accueillis :

Présence d'animaux (si oui, lesquels) :

6

Je dormirai : seul(e) dans une chambre ○
avec un autre enfant ○
autres (à préciser) :

Mes lieux de jeux seront :

Les pièces auxquelles j'aurai accès :

Contraintes familiales de mon assistant(e) maternel(le) (trajets scolaires, autres…)

7

L'ASSISTANT(E) MATERNEL(LE) AGRÉE(E)

1. LES DÉMARCHES ADMINISTRATIVES LIÉES AU STATUT D'ASSISTANT MATERNEL

1.1. L'obtention de l'agrément

Avant d'accueillir un enfant, **l'assistant(e) maternel(le) doit obligatoirement avoir été agréé(e) par le Président du conseil départemental.** Une fois son agrément obtenu, l'assistant maternel doit suivre une formation.

1.2. Le contrat de travail

Mais au-delà de ces démarches, l'assistant maternel doit signer **un contrat de travail**, pour chaque enfant gardé, soit avec les parents employeurs, soit avec un tout autre employeur s'il travaille comme salarié d'une crèche familiale. Ce contrat précise notamment :

- la durée de la période d'essai ;
- les périodes d'accueil des enfants ;
- la rémunération ;
- les indemnités d'entretien ;
- les jours fériés travaillés.

1.3. La convention collective

Fiche 38

Il existe une **convention collective nationale des assistants maternels.** Elle fixe un cadre juridique adapté aux spécificités de la profession d'assistant maternel agrée et détermine les droits et obligations de chacun :

- La durée normale d'accueil d'un enfant est fixée à 45 heures par semaine.
- La durée de travail ne peut pas dépasser 2 250 heures par an (heures supplémentaires comprises).
- L'assistant maternel ne peut pas être employé plus de 6 jours de suite.
- Il bénéficie d'un repos quotidien de 11 heures de suite minimum. Sauf accord contraire entre les deux parties.
- L'assistant maternel agrée a droit à 2,5 jours ouvrables de congés payés par mois d'accueil effectué (entre le 1er juin et le 31 mai de l'année suivante).
- Un accord de prévoyance prévoit une garantie complémentaire en cas d'incapacité de travail ou d'invalidité. Pour le parent employeur, il permet une simplification des formalités.

1.4. Le renouvellement de l'agrément

L'assistant maternel doit demander **le renouvellement de l'agrément 3 mois au moins avant son échéance.** S'il est agréé pour exercer à domicile et qu'il souhaite exercer dans une **maison d'assistants maternels (Mam)**, il doit demander la modification de son agrément. La demande est à envoyer aux services du département dans lequel la maison d'assistantes maternelles est située. Il doit préciser le nombre d'enfants qu'il souhaite accueillir dans la maison.

2. Le projet d'accueil

La création de ce document permet à l'assistant maternel de **réfléchir à sa façon de travailler.** C'est un support qui permet aux parents de mieux connaître la personne à laquelle ils ont confié leur enfant. Il montre que l'assistant maternel ne fait pas les choses par hasard, qu'il a réfléchi à sa pratique.

C'est un document écrit sur lequel figurent toutes ces réflexions :

Fiche 36
- comment l'enfant va être accueilli ;
- que va-t-il faire chez son assistant maternel ;

Fiche 38
- quelles relations vont exister entre l'assistant maternel et les parents…

Il peut relater une journée-type, parler du respect de la culture de l'enfant, de la période d'adaptation, de son rythme de sommeil, de l'alimentation, de la période d'acquisition de la propreté…

3. Les limites entre vie privée et vie professionnelle

Le fait d'accueillir des enfants dans son domicile, au sein de sa famille, pose des questions de limites entre la vie privée et la vie professionnelle puisque temporairement **le lieu de vie devient un lieu professionnel.** Un cadre est nécessaire pour éviter des conflits avec les membres de sa famille et/ou les parents.

Remarque

- Les enfants accueillis peuvent-ils utiliser les chambres et les jouets de vos enfants ?
- Est-ce que vous gardez les enfants en présence de votre conjoint ?
- Les parents respectent ils les horaires ?
- Les parents peuvent-ils circuler librement dans votre domicile ?
- Les membres de votre famille arrivent-ils avant le départ des enfants ?
- Utilisez-vous les mêmes sanitaires ?

Autant de questions auxquelles il faut penser avant, pour éviter de franchir les limites entre vie privée et vie professionnelle.

LE CONTRAT DE TRAVAIL LES CONVENTIONS COLLECTIVES DES ASSISTANTS MATERNELS

1. LE CONTRAT DE TRAVAIL

1.1. La réglementation

L'accord entre l'employeur et le salarié est établi par **un contrat écrit obligatoire pour chaque enfant**. Il est rédigé en 2 exemplaires datés, paraphés et signés par l'employeur et le salarié qui en gardent chacun un exemplaire. Il est signé lors de l'embauche. **Toute modification pourra être négociée** entre les parties et devra faire l'objet d'un avenant au contrat.

1.2. Le rôle du contrat de travail

Il concrétise les accords entre le parent employeur et son assistant maternel agréé, sur les conditions de garde de l'enfant. Il précise les obligations administratives et conventionnelles, et constitue une garantie pour les deux parties.

1.3. Les éléments du contrat de travail

Le contrat de travail comprend :

- les identités et coordonnées du parent employeur et de l'assistante maternelle ;
- la date d'effet, la durée et les horaires d'accueil ;
- les jours de repos hebdomadaire et annuels ;
- la rémunération ;
- les congés payés, les indemnités diverses (exemple : frais de déplacement) et les conditions particulières (exemple : acceptation d'animaux domestiques chez le salarié).

Certaines annexes peuvent être jointes au contrat (exemple : autorisation de transport en voiture, autorisation d'administrer des médicaments, personnes habilitées à récupérer l'enfant...).

1.4. Droits et obligations du salarié et de l'employeur

La relation de respect et de confiance est essentielle dans ce contexte. Cependant, chaque partie est tenue de respecter les clauses du contrat de travail.

Obligations de l'employeur :

1. S'assurer que le salarié est titulaire de l'agrément délivré par le conseil départemental.
2. Déclarer l'emploi à l'URSSAF, à la MSA ou à la CAF.
3. Vérifier l'assurance responsabilité civile professionnelle du salarié.
4. Vérifier l'assurance automobile.

5. Établir un contrat de travail écrit.
6. Établir mensuellement un bulletin de paie.
7. Procéder à la déclaration nominative mensuelle ou trimestrielle des salaires.

Obligations du salarié :

1. Présenter une copie de l'agrément.
2. Communiquer l'attestation personnelle d'assuré social.
3. Communiquer les attestations d'assurance responsabilité civile professionnelle et d'assurance automobile.
4. Faire visiter à l'employeur les pièces auxquelles l'enfant aura accès.
5. Conclure un contrat de travail écrit.

2. Les conventions collectives

De nombreuses dispositions du Code du travail prévues pour les entreprises ne s'appliquent pas dans la relation de travail entre l'assistant maternel et son employeur. C'est pourquoi une **Convention collective nationale de travail des assistants maternels du particulier employeur**, créée le 1er juillet 2004, définit clairement les règles minimales ainsi que les devoirs et les droits des employeurs et des salariés. Cette convention contribue à la professionnalisation de ce secteur d'activité qui connaît un développement important.

3. L'assurance responsabilité civile professionnelle

3.1. Souscription à un contrat d'assurance

La loi oblige les assistantes maternelles agréées à souscrire un contrat d'assurance permettant de **garantir leur responsabilité civile professionnelle.** Cette assurance protège financièrement l'assistante maternelle si l'enfant est victime d'un accident durant la période de garde, du fait de l'assistante maternelle ou d'une tierce personne.

3.2. Quelle solution adopter ?

• **Demander une extension de garantie à votre assureur habituel,** dans le cadre de votre contrat « multirisque habitation » (la solution la moins coûteuse). Mais attention, votre assureur n'étant pas spécialisé dans le domaine, les garanties seront parfois inadaptées, certaines seront peut-être même manquantes.

• **Souscrire un contrat spécifique Assistante maternelle** auprès de la société d'assurance qui vous couvre déjà pour le multirisque habitation (ce qui permet d'éviter toute complication pour le cas où il s'avérerait difficile de déterminer si l'accident ressort de l'activité familiale ou professionnelle) ou auprès d'une société d'assurance spécialisée dans le domaine.

• **Adhérer à un « contrat collectif »,** si vous êtes membre d'une association professionnelle qui a souscrit une assurance et négocié des tarifs favorables.

ÉLABORER ET LIRE UN PLANNING

1. QU'EST-CE QU'UN PLANNING ?

1.1. Définition

Le planning est un outil de gestion qui permet d'organiser un emploi du temps, un programme de travail. Le planning permet de visualiser les différentes tâches à effectuer, leurs échéances et les personnes concernées.

1.2. Les différents types de planning

Planning à fiches T

Planning magnétique

L'information variable peut être matérialisée par des fiches en T, des bandelettes ou un élément magnétique.

Remarque

Un chronogramme est un concept utilisé pour désigner les horaires de travail ou des activités. Le chronogramme est donc un outil dans la gestion des projets. Il peut s'agir d'un document papier ou d'une application numérique ; en tout cas, le chronogramme comprend une liste d'activités ou de tâches avec des dates de début et de fin. C'est une sorte d'échéancier.

2. ÉLABORER ET LIRE UN PLANNING

Pour concevoir un planning, il faut :

- Établir la liste des informations à y faire figurer.
- Identifier la donnée à placer en abscisses et celle à placer en ordonnées.
- Placer l'information variable : elle se trouve au point de rencontre de ces deux données.
- Déterminer le type de planning et le concevoir.

À savoir

L'abscisse est la droite horizontale et l'ordonnée la droite verticale.

Exemple

ÉCOLE MATERNELLE						
Lundi, mardi, jeudi et vendredi	À partir de 7 h 30	De 8 h 30 à 11 h 45	De 11 h 45 à 13 h 45	De 13 h 45 à 15 h 45	De 15 h 45 à 16 h 30	De 16 h 30 à 18 h 30
	Accueil périscolaire	Enseignement	Pause méridienne	Enseignement	TAP	Accueil périscolaire

	À partir de 7 h 30	De 8 h 30 à 11 h 30	De 11 h 30 à 12 h 30	De 12 h 30 à 18 h 30
Mercredi	Accueil périscolaire	Enseignement	Garderie gratuite	Centre de loisirs

Sur ce planning, on peut lire, selon les jours, les horaires des différents types d'accueil assurés dans une école maternelle.

En orange : les temps d'accueil périscolaire assurés par les ATSEM.
En bleu : les temps d'enseignement assurés par les professeurs des écoles.
En rose : la garderie assurée par les ATSEM.
En vert : les temps d'activités périscolaires assurés soit par des intervenants extérieurs soit par les ATSEM selon les communes.

FICHE 40 LA PROPRETÉ DES ESPACES DE VIE

1. LES RÈGLES D'HYGIÈNE

L'espace d'accueil des enfants doit être **propre, agréable, et sécurisé.**
Le respect des règles d'hygiène est important pour la santé de l'enfant :

- l'air doit être renouvelé tous les jours, au moins dix minutes par jour ;
- les surfaces, les meubles et jouets doivent être lavés et désinfectés ;
- les déchets doivent être évacués pour éviter les odeurs et le développement des micro-organismes ;
- le lavage des mains doit être fréquent ;
- la tenue professionnelle doit être adaptée et propre.

2. FRÉQUENCE DE NETTOYAGE DES ESPACES ET ÉQUIPEMENTS RÉSERVÉS À L'ENFANT

Les équipements et les espaces doivent être lavés et désinfectés à différentes fréquences : après chaque usage, tous les jours ou toutes les semaines.

Après chaque usage	Au quotidien	Hebdomadaires
• La table à langer. • Les tables qui servent aux repas et aux collations. • La vaisselle (verre). • Les plans de travail de cuisine.	• Toilettes, lavabos et robinets. • Les poignées de portes des toilettes. • Les sols (hall d'entrée, couloir, salle de jeux, sol de la cuisine). • Les poubelles (surtout celle où on jette les couches). • La chaise haute. • Les jouets portés à la bouche. • Le four à micro-ondes. • Le linge de cuisine (serviettes).	• Les poignées, les cadres des portes, les interrupteurs. • Les chaises, les lits pour bébé et la literie. • Les jouets utilisés à l'intérieur et à l'extérieur. • Le réfrigérateur, le four. • Les poussettes.

3. Les produits d'entretien

L'utilisation de produits ménagers peut présenter des risques pour la santé : irritation du nez, de la gorge, rougeur, allergie, brûlure de la peau.
Le choix des produits doit être fait en fonction des salissures et de la nature du support à entretenir. Il faut donc éviter d'acheter des produits surpuissants qui sont très souvent très agressifs. Il faut privilégier les produits respectueux de l'environnement comme le vinaigre blanc qui peut être utilisé comme détartrant ou comme désodorisant et surtout il faut limiter le nombre de produits.

Les précautions d'utilisation et de stockage à respecter :

- ne pas mélanger deux produits ;
- ne jamais transvaser les produits d'entretien dans des bouteilles alimentaires ;
- respecter les dosages et les précautions d'utilisation sur l'étiquette ;
- respecter le temps d'application ;
- mettre de préférence des gants de ménage ;
- stocker les produits en hauteur ou dans un placard fermé à clé.

4. Le matériel d'entretien

Utiliser les lavettes qui passent facilement en machine à laver à 90 °C. Les éponges sont à proscrire car ce sont des nids à micro-organismes.
L'entretien des locaux doit être réalisé dans le respect des règles d'hygiène, de sécurité et d'ergonomie.

L'ENTRETIEN D'UNE CUISINIÈRE AVEC FOUR

Matériel

- 2 seaux
- 4 lavettes
- 1 tampon à récurer ou 1 éponge en fil d'acier « spéciale vitrocéramique »

Produits

- Vinaigre blanc
- Détergent, dégraissant
- Crème à récurer ou détergent et produit de protection « spécial verre vitrocéramique »
- Décapant four

Avant de commencer, se mettre en tenue et se laver les mains.

Si la cuisinière est traditionnelle

- Ôter la grille du plan de cuisson.
- Démonter les brûleurs et les faire tremper dans du vinaigre blanc.
- Frotter en insistant autour des brûleurs, sur le plan de cuisson et le couvercle avec une lavette et de la crème à récurer jusqu'à ce que toute la graisse soit éliminée.
- Rincer et sécher.
- Récurer les brûleurs et la grille.
- Rincer, sécher et remettre les brûleurs en place.

Si la cuisinière est en vitrocéramique

- Laver le plan de travail avec une lavette humide en faisant des « 8 » qui se chevauchent, puis sécher.
- Sur un plan de cuisson sale : frotter avec une éponge en fil d'acier spéciale vitrocéramique et un détergent. Utiliser un grattoir pour enlever les salissures en relief. Rincer et essuyer.
- Appliquer un produit d'entretien et de protection pour vitrocéramique.

Pour un four à nettoyage manuel

- Démonter toutes les parties amovibles (accessoires intérieurs du four : grille, lèchefrite, support et broche, parois).
- Laver les accessoires avec un détergent.
- Laver le four avec une lavette, un tampon à récurer et un détergent.
- Rincer.
- Utiliser un décapant, laisser agir suivant le mode d'emploi du produit et rincer abondamment (si le four est trop encrassé).
- Remettre les accessoires.

Pour les fours autonettoyants (pyrolyse ou catalyse)

- Enlever les cendres résiduelles à l'aide d'une lavette humide après l'opération de nettoyage automatique.
- Laver la carrosserie de la cuisinière avec une lavette imprégnée de détergent-dégraissant.
- Insister au niveau du tableau de commande et des manettes (minuteur, thermostat, boutons de mise en marche).
- Remettre les accessoires en place.
- Effectuer un contrôle visuel (vérifier qu'il ne reste pas de traces).

Pour terminer, ranger le matériel et les produits, et se laver les mains.

À savoir

Ne pas oublier de débrancher l'appareil électroménager et/ou de fermer le robinet de gaz chaque fois que l'on procède à l'entretien. S'il faut utiliser un décapant, il est nécessaire de se protéger les mains en portant des gants et d'aérer la pièce.

FICHE 42 L'ENTRETIEN DU FOUR À MICRO-ONDES

Matériel		Produits
• 1 bol • 1 seau • 2 lavettes		• Détergent désinfectant • Détergent vaisselle • Jus de citron ou vinaigre blanc

Avant de commencer, se mettre en tenue et se laver les mains.

À savoir

La vapeur d'eau permet de ramollir les résidus et de faciliter leur élimination.

- Placer dans le four à micro-ondes un bol rempli d'eau.
- Faire fonctionner l'appareil pendant 5 minutes à puissance maximale.
- Sortir le bol du four (attention à ne pas se brûler).
- Débrancher l'appareil.
- Ôter les parties amovibles : plateau, support plateau.

- Laver l'intérieur du four : les parois, la porte, le joint, avec la lavette et la solution de détergent désinfectant.
- Si nécessaire, enlever les aliments incrustés avec une brosse en plastique.
- Ne jamais utiliser de produit abrasif.

À savoir

Le jus de citron ou le vinaigre blanc permettent également de désinfecter.

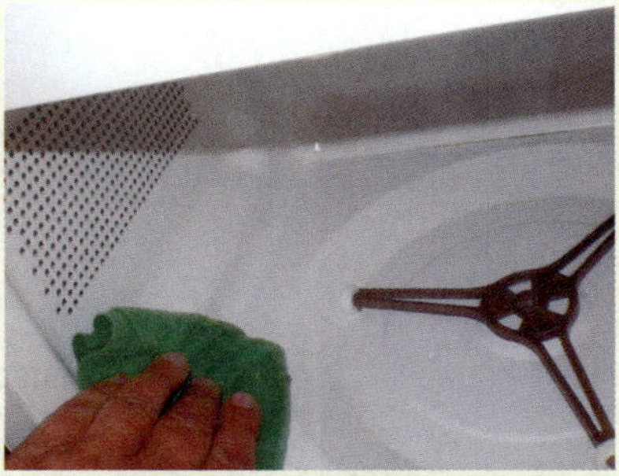	• Ajouter un verre de jus de citron ou de vinaigre blanc dans un bol rempli d'eau s'il y a une mauvaise odeur. • Chauffer le mélange à la puissance maximale jusqu'à ce qu'il bout. • Laisser reposer pendant 10 minutes dans le four. • Essuyer les parois intérieures avec une lavette sèche.
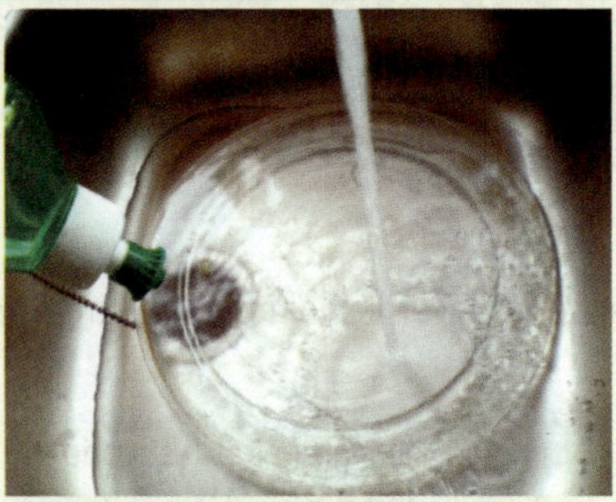	• Laver les éléments mobiles du micro-ondes : plateau, grille, support tournant en les trempant dans un évier rempli d'eau chaude et d'un détergent vaisselle. • Laisser tremper si nécessaire. • Rincer. • Sécher. • Remettre dans le four.
	• Laver l'extérieur du four avec une solution de détergent désinfectant. • Insister sur les boutons de commande. • Rebrancher l'appareil. • Effectuer un contrôle visuel (pas de salissures ni de traces).

Pour terminer, ranger le matériel et les produits, et se laver les mains.

À savoir

Un four à micro-ondes doit être entretenu régulièrement afin de maintenir son étanchéité. Il est indispensable de contrôler les fuites des ondes hors du four.

FICHE 43 LE BIONETTOYAGE D'UN RÉFRIGÉRATEUR

1. LE MATÉRIEL ET LES PRODUITS

Matériel		Produits
• 2 seaux • 4 lavettes • Des serpillières de protection • Papier absorbant à usage unique (essuie-tout) • 1 paire de gants (éventuellement)	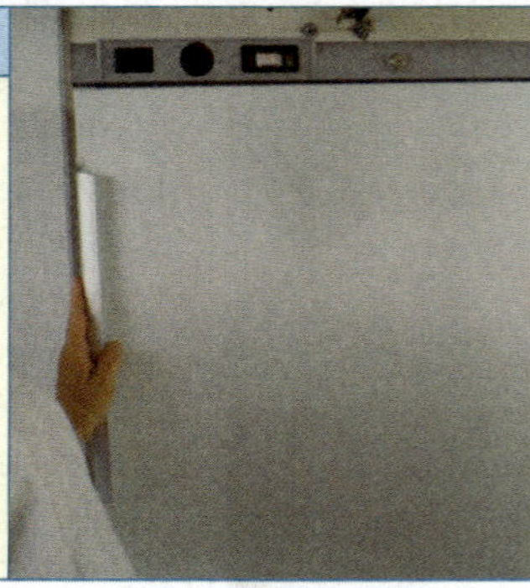	• Détergent désinfectant à usage alimentaire • Eau

2. LA TECHNIQUE

Avant de commencer, se mettre en tenue, se laver les mains et mettre éventuellement des gants de ménage.

	• Préparer le matériel et les produits. • Préparer la solution détergente/désinfectante dans un seau, puis de l'eau claire tiède dans l'autre. • Installer les serpillières au bas du réfrigérateur. • Transférer les aliments dans un autre réfrigérateur. • Positionner le thermostat sur zéro. • Débrancher l'appareil. • Effectuer un dégivrage si ce n'est pas fait automatiquement.
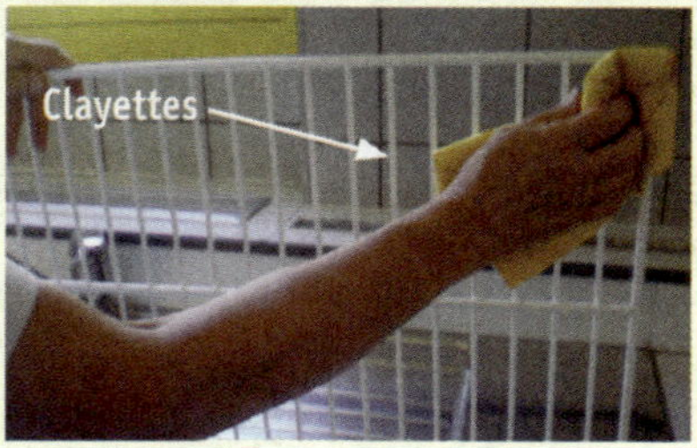	• Ôter les clayettes et les bacs. • Laver et désinfecter toutes les pièces enlevées avec une lavette afin d'éliminer les salissures. • Laisser agir le produit en respectant le temps d'action.

	• Appliquer de la même façon, le détergent désinfectant à l'intérieur de l'enceinte du réfrigérateur avec une autre lavette. • Travailler de haut en bas, du plus propre au plus sale sans oublier les joints en caoutchouc ni la porte. • Laisser agir le produit.
	• Rincer à l'eau claire avec une troisième lavette les clayettes, les bacs et l'intérieur du réfrigérateur. • Sécher avec du papier absorbant. • Remettre les clayettes en place.
	• Laver et désinfecter l'extérieur de la même façon. • Plier les genoux et garder le dos rectiligne chaque fois qu'il faut se baisser. • Rebrancher le réfrigérateur. • Régler le thermostat. • Replacer les aliments en vérifiant les dates et l'état des produits.

3. Entretien du matériel et contrôle

- Rincer puis laver en machine les lavettes à 90 °C.
- Laver, désinfecter et sécher le matériel et le ranger.
- Effectuer un contrôle visuel : absence de salissures et de traces d'eau ou de produit.

À savoir

Vérifier la température du réfrigérateur après sa remise en fonction : ni trop froid ni trop chaud !

LE BIONETTOYAGE D'UNE CHAISE HAUTE

1. LE MATÉRIEL ET LES PRODUITS

Matériel		Produits
• 3 lavettes • 1 bassine • 1 tampon à récurer vert • Papier absorbant à usage unique (essuie-tout) • 1 paire de gants (éventuellement)	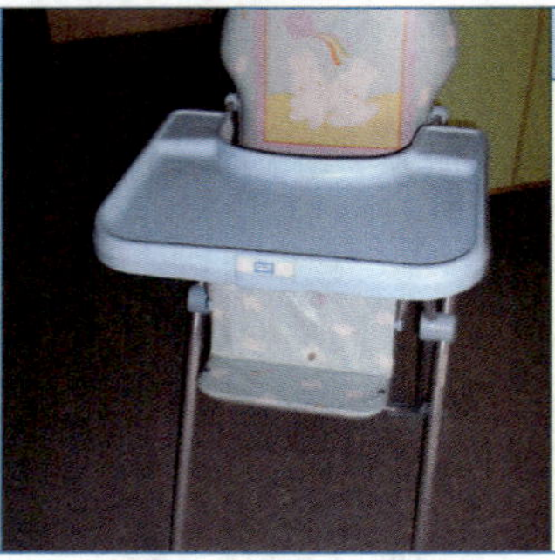	• Détergent, désinfectant à usage alimentaire en spray • Eau

2. LA TECHNIQUE

Avant de commencer, se mettre en tenue, se laver les mains et mettre des gants de ménage.

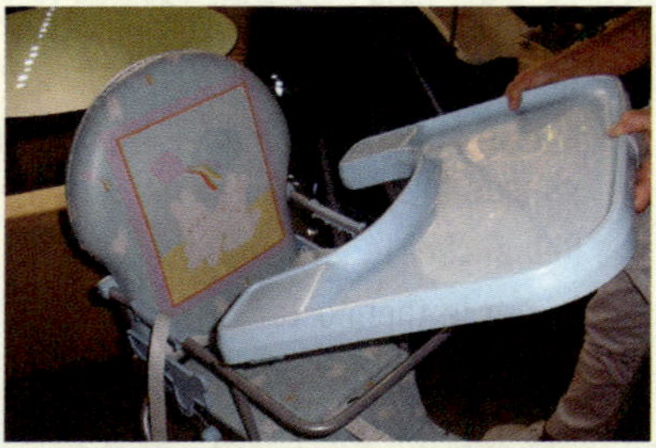	• Préparer le matériel et les produits. • Remplir la bassine avec de l'eau claire. • Désinfecter le plan de travail sur lequel seront entreposés les éléments amovibles. • Ôter la tablette de la chaise haute et la sangle (et si possible le coussin). • Pulvériser le détergent désinfectant sur une lavette humidifiée.
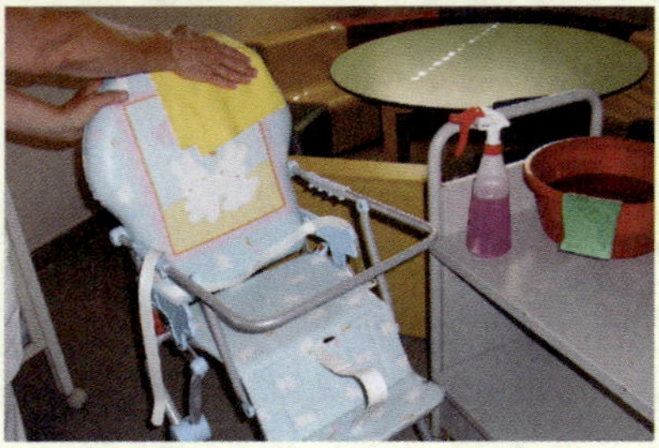	• Nettoyer la tablette puis le coussin et la sangle. • Insister sur les salissures résistantes à l'aide du tampon à récurer. • Laisser agir le produit. • Utiliser une seconde lavette pour laver et désinfecter la chaise en commençant par le haut.

- Terminer l'entretien par les piétements en respectant les positions ergonomiques.

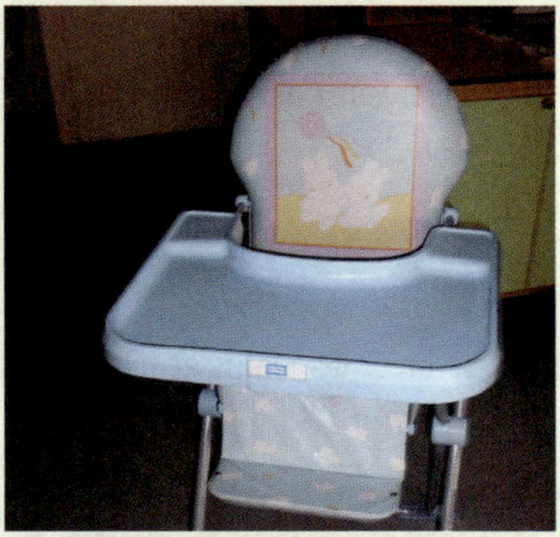

- Respecter le temps d'action du produit.
- Rincer à l'eau en utilisant la troisième lavette en commençant par la tablette, puis le coussin et ensuite la chaise du haut vers le bas.

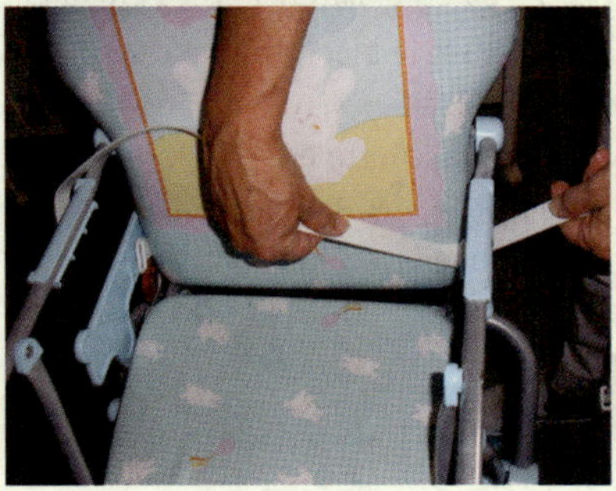

- Sécher si besoin à l'aide d'un papier absorbant à usage unique.
- Replacer la sangle, la tablette.

3. Entretien du matériel et contrôle

- Rincer puis laver en machine les lavettes à 90 °C.
- Laver, désinfecter et sécher le matériel et le ranger.
- Effectuer un contrôle visuel : absence de salissures et de traces d'eau ou de produit.

FICHE 45

LE BIONETTOYAGE D'UN PLAN DE CHANGE

1. LE MATÉRIEL ET LES PRODUITS

Matériel	Produits
• 4 lavettes • 1 seau • papier absorbant à usage unique • 1 paire de gants	• Détergent / désinfectant en spray • Eau

2. LA TECHNIQUE

Avant de commencer, se mettre en tenue, se laver les mains et mettre des gants de ménage.

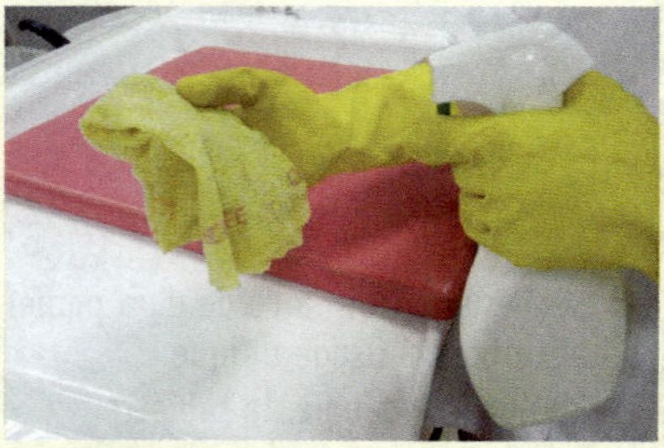	• Préparer le matériel et les produits. • Réaliser le bionettoyage d'un plan de travail. • Plier la lavette en 4. • Pulvériser le détergent/désinfectant sur une lavette humidifiée.
 	• Réaliser le détourage du matelas, puis réaliser le bionettoyage des deux surfaces en utilisant la méthode à la godille. • Déposer ensuite le matelas sur le plan de travail bionettoyé. • Laisser agir la solution détergente/désinfectante.

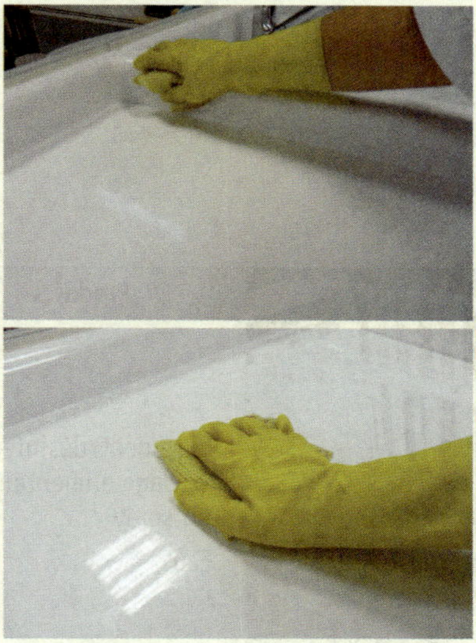

- Nettoyer et désinfecter le plan de change avec une autre lavette en utilisant la même technique : détourage et méthode à la godille.
- Laisser agir la solution détergente/désinfectante.
- Rincer le matelas et le plan de change à l'eau claire avec la quatrième lavette.
- Sécher à l'aide d'un papier absorbant à usage unique.
- Replacer le matelas.

3. Entretien du matériel et contrôle

- Rincer puis laver en machine les lavettes à 90 °C.
- Laver, désinfecter et sécher le matériel et le ranger.
- Laver les draps en machine à laver.
- Effectuer un contrôle visuel : absence de salissures et de traces d'eau ou de produit.

FICHE 46 LE BIONETTOYAGE D'UN LIT À BARREAUX

1. LE MATÉRIEL ET LES PRODUITS

Matériel		Produits
• 3 lavettes • 1 seau • 1 corbeille à linge • 1 drap propre • Papier absorbant à usage unique (essuie-tout) • 1 paire de gants éventuellement		• Détergent/désinfectant à usage alimentaire en spray • Eau

2. LA TECHNIQUE

Avant de commencer, se mettre en tenue, se laver les mains et mettre des gants de ménage.

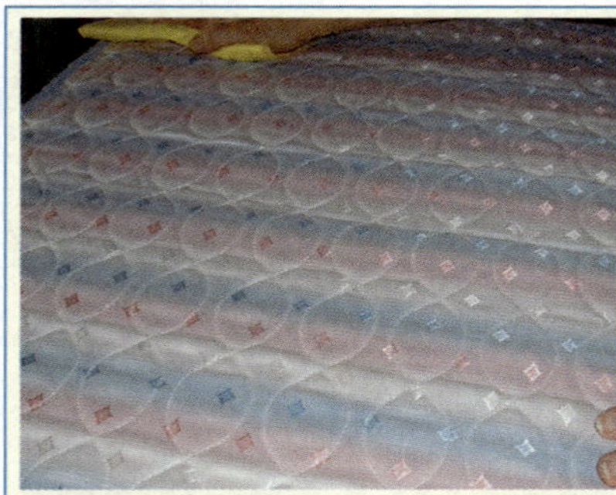	• Préparer le matériel et les produits. • Retirer les draps du lit et les entreposer dans la corbeille à linge sale. • Imprégner une lavette humidifiée de détergent désinfectant. • Passer la lavette sur le pourtour du matelas puis travailler en « 8 » sur les deux surfaces. • Déposer ensuite le matelas sur un plan de travail préalablement bionettoyé.
	• Nettoyer de haut en bas avec une deuxième lavette les montants horizontaux, les barreaux, en travaillant de haut en bas.

	• Se baisser en pliant les genoux, le dos rectiligne. • Terminer par les piétements (ne pas oublier de retourner la lavette ou de la changer si cela est nécessaire). • Laisser agir le produit.
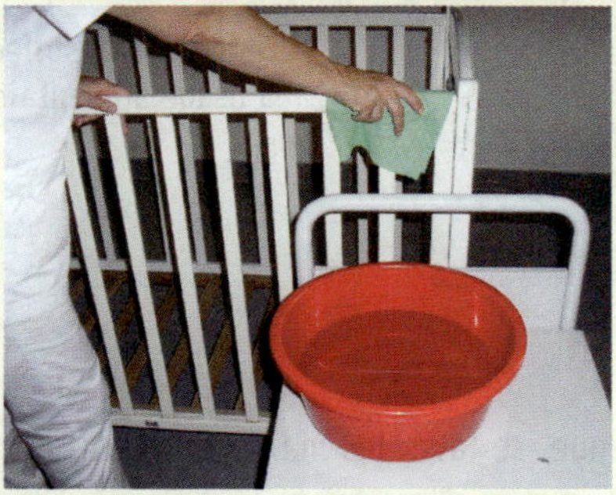	• Rincer à l'eau claire le matelas et le lit avec la troisième lavette. • Essuyer le matelas avec un papier absorbant à usage unique.
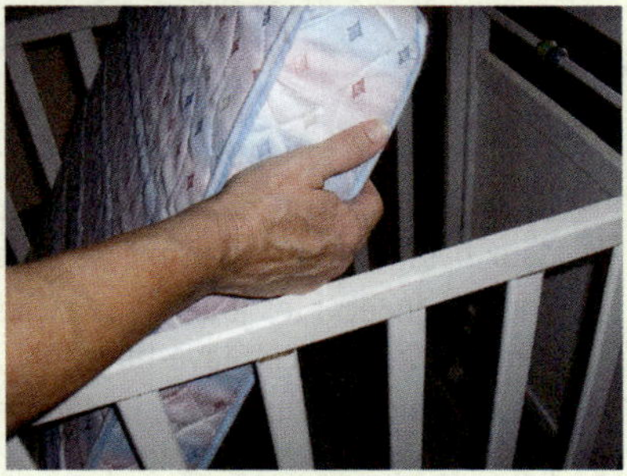	• Se laver les mains. • Refaire le lit avec des draps propres.

3. Entretien du matériel et contrôle

- Rincer puis laver en machine les lavettes à 90 °C.
- Laver, désinfecter et sécher le matériel et le ranger.
- Laver les draps en machine à laver.
- Effectuer un contrôle visuel : absence de salissures et de traces d'eau ou de produit.

FICHE 47 LE BIONETTOYAGE DES JOUETS

1. LE MATÉRIEL ET LES PRODUITS

Matériel		Produits
• 3 bassines • 4 lavettes • 1 petite brosse • Papier absorbant à usage unique (essuie-tout) • 1 paire de gants		• Détergent/désinfectant à usage alimentaire • Eau

2. LA TECHNIQUE

Avant de commencer, se mettre en tenue, se laver les mains et mettre des gants de ménage.

	• Préparer le matériel et les produits. • Diluer le détergent désinfectant dans deux bassines en respectant les dosages. • Trier les jouets : les jouets en textiles seront lavés dans un lave-linge. • Ôter les pièces amovibles sur certains jouets (par exemple les piles).
	• Laver et désinfecter le plan de travail. • Plonger les jouets dans la première bassine. • Laver à l'aide de la lavette. • Brosser les recoins.

	• Immerger les jouets lavés dans la deuxième bassine. • Laisser agir le produit en respectant le temps d'action.
	• Rincer à l'eau claire les jouets dans la troisième bassine en s'aidant d'une lavette. • Si besoin compléter par un rinçage à l'eau courante. • Égoutter les jouets sur du papier absorbant à usage unique disposé sur le plan de travail.
	• Laver et désinfecter la corbeille ou le tiroir de rangement. • Une fois secs, ranger les jouets dans la corbeille.

3. Entretien du matériel et contrôle

- Rincer puis laver en machine les lavettes à 90 °C.
- Laver, désinfecter et sécher le matériel et le ranger.
- Effectuer un contrôle visuel : absence de salissures et de traces d'eau ou de produit.

À savoir

Certains petits jouets en matière plastique (exemple : les Legos) peuvent être nettoyés dans un lave-vaisselle.

LES BESOINS NUTRITIONNELS DE L'ENFANT

L'alimentation de l'enfant doit assurer son développement et sa croissance.

1. LES DIFFÉRENTS TYPES DE BESOINS

	**Justifications**
Les besoins énergétiques	L'alimentation doit fournir tous les jours à l'organisme des nutriments qui apportent de l'énergie : protides, glucides, lipides.
Les besoins plastiques	L'alimentation doit fournir : • des acides aminés indispensables à la formation des tissus ; • du calcium et la vitamine D pour une croissance du squelette ; • des acides gras pour le bon développement des membranes cellulaires.
Les besoins fonctionnels	L'alimentation doit fournir : • le fer nécessaire à la production d'hémoglobine qui sert au transport de l'oxygène ; • la vitamine D qui est indispensable à la fixation du calcium sur les os ; • l'eau qui est présente dans toutes les cellules et permet le transport des nutriments et des déchets.

2. La répartition des nutriments dans l'apport énergétique en fonction de l'âge

Les constituants énergétiques sont répartis de la façon suivante au cours de la journée :

Nutriments	En-dessous de 3 ans	Au-dessus de 3 ans
Protéines	10 %	10 %
Lipides	45 à 50 %	30 %
Glucides	40 à 45 %	50 à 60 %

À savoir

Les protéines sont des molécules présentes dans toutes les cellules vivantes. On les retrouve dans la viande, le poisson, le lait…

Les lipides sont le constituant majeur des matières grasses. On les retrouve dans les huiles, le beurre, certaines noix…

Les glucides sont souvent appelés « sucres ». On les retrouve dans le pain, les pâtes, les céréales, les fruits…

LA CLASSIFICATION NUTRITIONNELLE

1. LES GROUPES D'ALIMENTS

Afin d'élaborer des rations alimentaires équilibrées, on classe les aliments selon leur composition en 7 groupes. Les aliments d'un même groupe comportent un ou plusieurs constituants essentiels.

Groupe	Constituants caractéristiques	Rôle nutritionnel
Produits laitiers	Protéines animales, lipides, vitamines A et D, **calcium.**	**Plastique :** croissance, entretien, réparation des os, des dents.
Viandes, poissons, œufs	**Protéines animales,** lipides, vitamines B, fer.	**Plastique :** croissance, entretien de toutes nos cellules.
Corps gras Beurre, huiles, crème fraîche.	**Lipides**, vitamines A, D et E, acides gras essentiels.	**Énergétique :** lutte contre le froid, utile lors d'une activité physique.
Féculents Pain, pâtes, riz, biscottes, céréales, pommes de terre.	**Glucides**, protéines végétales, vitamines B.	**Énergétique :** activité physique (glucides = carburant des cellules).
Légumes et fruits crus ou cuits	**Vitamines C**, carotène, fer, potassium, **fibres** (cellulose).	**Fonctionnel :** bon fonctionnement de l'organisme.
Produits sucrés Sucre, miel, confiture, bonbons.	**Glucides simples.**	**Énergétique.**
Boissons Eau, sodas.	Eau + sucre en quantité variable.	**Plastique et fonctionnel:** l'eau pure est la seule boisson indispensable à l'organisme.

2. Les notions d'équivalences

Pour varier l'alimentation ou pour pallier une intolérance alimentaire, il est nécessaire de remplacer un aliment par un autre, ce qui permet d'établir des rations alimentaires équilibrées, de diversifier l'alimentation et de gérer un budget alimentaire.

2.1. Les équivalences énergétiques

750 kJ sont apportés par :	
Les féculents	80 g de pain 50 g de biscottes, de pâtes, de riz, de semoule ou de légumes secs 200 g de pommes de terre bouillies 70 g de pommes de terre frites
Les corps gras	25 g de beurre

2.2. Les équivalences protidiques

20 g de protides sont apportés par :	
Les aliments protidiques	100 g de viande maigre, de poisson, de volaille ou de jambon cuit 2 œufs
Les aliments protidiques avec calcium	500 mL de lait 100 g de camembert 70 g de gruyère 5 yaourts
Les céréales et féculents	500 g de lentilles cuites 600 g de pâtes cuites

2.3. Les équivalences calciques

300 mg de calcium sont apportés par :	
Les produits laitiers	250 mL de lait 100 g de camembert 6 petits-suisses 2 yaourts
Les légumes et fruits	250 g d'épinards 500 g de carottes, choux 1 kg de fruits rouges ou d'agrumes

LES PROPRIÉTÉS DES CONSTITUANTS ALIMENTAIRES

1. LES MODIFICATIONS AU COURS DES PRÉPARATIONS CULINAIRES

Les constituants alimentaires participent à de nombreuses réactions chimiques.

Constituants alimentaires	Modifications	Conséquences Utilisations
Glucides (sucres)	La température élevée permet la caramélisation avec un changement de couleur et de saveur.	Pâtisserie, confiserie…
Glucides + Protéines	À forte température, une réaction se produit pour former des composés bruns, aromatiques et **sapides** : c'est la réaction de Maillard.	Cuisson des viandes, fritures, pain…
Glucides (amidon)	À la chaleur humide, il y a formation d'un empois d'amidon. À la chaleur sèche, l'amidon se transforme en **dextrines.**	Bouillie… Roux, cuissons au four, fritures avec enrobage.
Lipides	À 30 °C, les corps gras fondent (**fusion**). À forte température, les corps gras se décomposent et forment un produit noir et toxique : **l'acroléine.**	Les aliments sont plus savoureux. Adaptation des corps gras suivant l'utilisation et la température de cuisson.
Protéines	La température et les milieux acides favorisent la coagulation des albumines. Dans l'eau froide, certaines protéines sont solubles.	Cuisson à l'eau bouillante, au four, dans l'eau vinaigrée… Obtention d'un bouillon riche en protéines.
Vitamines Éléments minéraux	Leurs pertes sont favorisées par la chaleur et le trempage dans l'eau.	Préférer la cuisson à la vapeur.

2. Les modifications au cours du stockage

Divers constituants alimentaires peuvent subir des modifications ou être détruits pendant le stockage.

Modifications	Descriptions	Conseils
Oxydations des lipides	Les aliments changent de couleur, d'odeur et de saveur (rancissement).	Protéger dans des emballages hermétiques.
Pertes en eau	Les aliments flétrissent et durcissent car l'eau s'évapore. La texture et la saveur changent.	Stocker au frais et bien emballer.
Pertes en vitamines	Les vitamines sont en partie détruites par l'action de la lumière, de l'oxygène et de la chaleur, en particulier les vitamines C et B1.	Protéger dans des emballages opaques, à l'abri de l'air et de la chaleur.
Oxydation de certains végétaux	Les pommes, les bananes, les champignons… sont des végétaux qui brunissent sous l'action de l'air et de certaines enzymes.	Ajouter un milieu acide (citron), tenir au frais. Les conditionnements sous vide réduisent l'oxydation.

Les glucides indigestibles (fibres) subissent une gélification au cours des cuissons et sont donc plus tendres.

À savoir

Fiche 59

Le lieu, la durée et la température de stockage seront différents suivant la forme de commercialisation du produit.

Définitions

Sapide : se dit d'une sauce, d'une crème, d'une préparation, pourvues de saveur, de goût.

Dextrines : glucides solubles qui résultent de la transformation de l'amidon à la cuisson.

L'ÉQUILIBRE ALIMENTAIRE

1. QU'EST-CE QUE L'ÉQUILIBRE ALIMENTAIRE ?

1.1. Définition

L'équilibre alimentaire est le fait d'apporter chaque jour **la qualité et la quantité** d'aliments dont l'organisme a besoin pour être maintenu en bonne santé. Il a pour objectif de participer à la prévention de certaines maladies. L'équilibre alimentaire se construit à court terme, mais également à long terme sur une semaine, voire sur une durée de vingt jours dans la restauration scolaire.

1.2. Les recommandations pour manger équilibré

- privilégier des aliments bénéfiques à la santé (fruits, légumes, poisson, viande, féculents...) ;
- limiter la consommation de produits sucrés (boissons sucrées, bonbons...) ;
- limiter la consommation de produits gras (charcuterie, beurre...) ;
- limiter la consommation de produits salés (chips, gâteaux apéritif...) ;
- privilégier l'eau au cours des repas ;
- ne pas grignoter entre les repas ;
- ne pas sauter de repas.

2. L'ÉLABORATION DES MENUS

2.1. Des repas variés

Les menus doivent être variés, c'est-à-dire que **tous les groupes d'aliments doivent être représentés**, afin d'habituer l'enfant à manger de tout. Ceci permettra d'instaurer dès le plus jeune âge de bonnes habitudes alimentaires.
Les portions de chaque plat doivent être différentes en fonction de l'âge, de l'activité physique et de l'appétit de l'enfant.

2.2. Les 4 repas journaliers d'un enfant

- un petit déjeuner ;
- un déjeuner ;
- un goûter ;
- un dîner.

Les quantités évoluent au fil de la croissance.

2.3. Les fruits et légumes de saison

Lors de la composition des menus, il est préférable d'utiliser des produits de saison car ils présentent une meilleure qualité gustative durant leur période de production. De plus, leur prix est très souvent plus attractif. Il est conseillé d'établir une liste des aliments qui seront donnés **au repas principal, c'est-à-dire le déjeuner.**

• **Fruits et légumes de printemps et d'été:** fraise, abricot, cerise, radis, petits pois, laitue, épinard, tomate, courgette, aubergine, melon...

• **Fruits et légumes d'automne et d'hiver:** poire, pomme, orange, kiwi, noix, courges, brocoli, champignon, poireau, carotte, pomme de terre, chou...

De plus, il faudra tenir compte du budget de la famille lors de la conception des menus.
La pratique d'une activité physique est conseillée pour limiter la prise de poids.

3. L'alimentation d'un enfant de 3 ans

3.1. Les besoins de l'enfant

Un enfant de 3 ans doit consommer:
• au moins 5 fruits et légumes par jour;
• 3 à 4 produits laitiers par jour en fonction de la taille, de la portion et de leur apport en calcium;
• 1 à 2 fois par jour de la viande, du poisson, des œufs;
• à chaque repas du pain et des produits céréaliers;
• de l'eau à volonté.

3.2. Autres recommandations

Il faut privilégier les matières grasses d'origine végétale et limiter la consommation de sel et de produits sucrés car ils ne sont pas indispensables à l'organisme.
Les boissons sucrées doivent être conservées pour les moments festifs (anniversaire par exemple).
Les apports de sel doivent être limités lors de la préparation des repas. Dans les préparations industrielles pour bébé, la teneur en sel est réduite et est réglementée par la législation.

LES COMPORTEMENTS ET HABITUDES ALIMENTAIRES

1. LE COMPORTEMENT ALIMENTAIRE

Le comportement alimentaire est l'**attitude de l'enfant par rapport aux aliments qui lui sont proposés** (appétit, manque d'appétit). Il est conditionné par la perception que l'on a des aliments.

1.1. La perception sensorielle des aliments

L'appétit et le manque d'appétit sont liés à l'existence de différents stimuli.

Définition

Stimuli : facteurs internes ou externes qui vont déclencher la prise d'aliment ou son refus.

Les stimuli métaboliques sont les signaux qui initient la prise alimentaire (sensation de faim) et qui la terminent (sensation de satiété).

Les stimuli sensoriels entrent en jeu lorsqu'une odeur ou la vue d'un aliment va déclencher l'envie de manger. Ils sont liés aux organes des sens.

Les stimuli socioculturels : certains aliments sont appréciés par certaines sociétés et sont rejetés par d'autres.
On constate des variations en fonction :
- du lieu de vie (campagne, ville) ;
- de la situation familiale (marié, célibataire) ;
- de la religion ;
- du milieu socioprofessionnel.

1.2. Les principaux troubles du comportement alimentaire

Les troubles du comportement alimentaire constitue pour les familles une grande source d'inquiétude.

- **L'anorexie :** perte de l'appétit (sensation de faim), marquée par un refus de manger.
- **La boulimie :** trouble de conduite alimentaire qui se traduit par des ingestions excessives d'aliments de façon répétitive et durable.

• **La néophobie :** trouble qui touche essentiellement le jeune enfant (entre 2 et 3 ans). C'est le refus de manger des aliments nouveaux, des consistances auxquelles il n'a pas été habitué.

2. Les habitudes alimentaires

2.1. Le plus tôt possible

On doit habituer un enfant à manger équilibré, car il n'a pas la capacité de choisir seul les aliments nécessaires à son équilibre nutritionnel. Il a tendance à choisir des aliments sucrés et gras, au détriment des fruits et des légumes.

2.2. L'éducation alimentaire

L'éducation alimentaire permettra à l'enfant, dans certaines situations où ses parents ne sont pas présents, par exemple la cantine, de garder les bons réflexes.

L'apprentissage doit se faire sans dramatisation afin qu'il ne considère pas l'alimentation comme une source de conflit ou de tension, mais plutôt comme un moment de plaisir.

2.3. La formation des habitudes alimentaires

Les habitudes alimentaires se construisent principalement en famille mais aussi à l'école. L'environnement va directement agir sur le comportement alimentaire de l'enfant. En effet, le repas doit :

- se dérouler dans la calme ;
- à des heures régulières et sans télévision ;
- être considéré comme un moment de partage et de convivialité ;
- durer au minimum une vingtaine de minutes afin que l'enfant puisse ressentir une sensation de satiété.

En conclusion, le repas est un moment privilégié pour la relation individuelle ; ce qui nécessite, pour les parents ou l'assistant maternel, de la disponibilité. Il doit veiller à se consacrer entièrement à l'enfant au moment du repas et respecter son rythme alimentaire.

L'ALIMENTATION DIVERSIFIÉE

1. LA DIVERSIFICATION

1.1. Le lait

Le passage à l'alimentation diversifiée correspond au moment où l'enfant ne va plus se nourrir exclusivement de lait, et va passer progressivement à des aliments nouveaux et peu à peu à une alimentation variée, proche de celle de l'adulte.
En grandissant, les besoins de l'enfant évoluent; le lait ne suffit plus à couvrir les besoins énergétiques, plastiques et fonctionnels. Il est donc important d'introduire d'autres aliments pour pouvoir les couvrir. La diversification permettra également à l'enfant de découvrir de nouveaux goûts et de contribuer au développement de la mastication.

1.2. La diversification: à partir de quel âge?

La diversification s'étend de l'âge de 6 mois à 3 ans environ. Elle se fait à partir du 6e mois de l'enfant pour diminuer le risque allergique, surtout chez les enfants nés dans une famille prédisposée, mais jamais avant 4 mois.
La diversification se déroule en deux phases:

- le début de la diversification correspond à l'introduction progressive des aliments autre que le lait;
- la phase d'apprentissage de l'alimentation des « grands » commence vers 8/12 mois et se poursuit tout au long de l'enfance.

Les aliments seront introduits un à un en fonction du développement de l'appareil digestif. Ils seront présentés en petite quantité et plusieurs fois de suite pour tester sa tolérance.

1.3. La texture des préparations

La texture des préparations va être adaptée à l'évolution de la dentition et va passer de l'état liquide (texture lisse et fluide) à l'état solide (petits morceaux) en passant par une étape semi-solide (texture pâteuse, granuleuse).

Remarque

En diversifiant l'alimentation de l'enfant, on diminue les biberons, donc l'apport hydrique. Il est donc essentiel de proposer au bébé de boire de l'eau, pendant les repas mais aussi entre les repas. Les boissons sucrées sont déconseillées et doivent rester exceptionnelles.

2. Les différentes étapes de la diversification

Âge de l'enfant	Aliments introduits	Commentaires	Texture des préparations
De 5 à 6 mois	Farines infantiles	Elles ne sont pas nécessaires à la croissance de l'enfant et peuvent favoriser l'obésité. Le pédiatre peut en prescrire lorsque la courbe de poids de l'enfant est insuffisante. Ce sont des farines diastasées sans gluten.	Texture mixée
	Les légumes	Les premiers légumes introduits sont la carotte, les haricots verts, les épinards, la courgette (sans peau ni pépins), le potiron, le fenouil, la tomate, le blanc de poireaux. Éviter les légumes à goût fort. La cuisson se fait à la vapeur sans ajout de sel ni de matière grasse.	
	Les fruits	Ils sont introduits après les légumes. La pomme, la poire, la pêche, la banane, l'abricot sont les premiers fruits introduits. L'introduction des fruits exotiques ou à coques se fera après 18 mois pour des risques d'allergie.	
De 6 à 8 mois	La pomme de terre et les féculents	La pomme de terre sert de liant pour les purées. Les pâtes, le riz et la semoule sont introduits autour de 8 mois en équivalence de la pomme de terre.	Texture mixée à moulinée
	La viande et le poisson	Vers 7 mois, ils peuvent être proposés en petite quantité. Les reins sont prêts. On peut commencer par le poulet, le jambon, le bœuf ou le veau à condition que ces viandes soient rôties ou grillées sans ajouter de sel ni de matière grasse.	
	Les produits laitiers	Le lait reste l'aliment de base qui couvre les besoins en calcium et en acide gras essentiel. Il peut être proposé sous forme de yaourts, de fromages blancs et de petits suisses.	
	Les matières grasses	À partir de 7 mois, on peut ajouter une noisette de beurre, de la crème fraîche ou de l'huile végétale à la purée. Les graisses sont indispensables à la construction du cerveau.	
De 9 à 12 mois	L'œuf	Seul le jaune d'œuf est proposé pour des raisons d'allergie. Les quantités d'aliments sont augmentées progressivement. Les premières dents vont apparaître.	Petits morceaux tendres et fondants
	Pain et céréales infantiles avec gluten	Le pain peut être introduit vers un an pour aider l'enfant à se faire les dents. Les céréales infantiles avec gluten sont introduites après 9 mois.	
	Produits sucrés	Il est important de limiter l'apport de produits sucrés car il n'est pas essentiel à la croissance de l'enfant.	
À partir de 12 mois	Légumes secs	À partir de 15 mois, les légumes secs peuvent être donnés à l'enfant sous forme de purée car ils sont riches en fibres et fermentescibles. Les quatre premières prémolaires apparaissent. Les fruits et les légumes sont proposés en morceaux ou grossièrement écrasés.	Morceaux
	L'œuf	L'œuf est donné en entier.	

L'ALIMENTATION POUR LE JEUNE ENFANT

Les jeunes enfants ont des besoins importants et spécifiques. Tout apport alimentaire non adapté risquerait de perturber leur organisme.

1. LES PRODUITS ALIMENTAIRES UTILISÉS POUR L'ALIMENTATION DIVERSIFIÉE DU JEUNE ENFANT

La réglementation sur l'alimentation infantile définit des règles afin que les produits soient parfaitement adaptés aux besoins nutritionnels des bébés jusqu'à 3 ans.

1.1. Lecture de l'étiquette

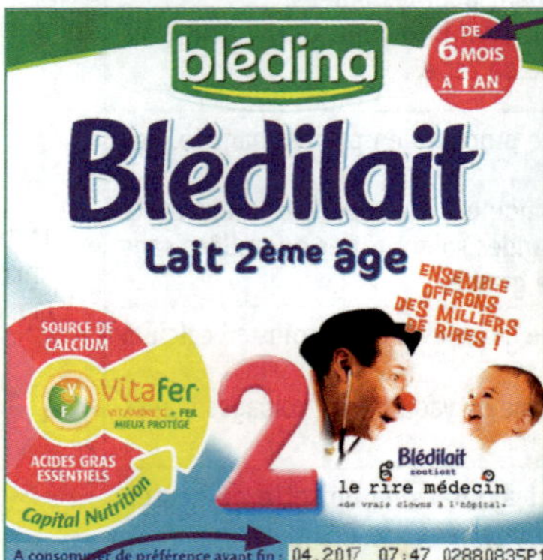

ANALYSE MOYENNE		Pour 100 g de Poudre	Pour 100 ml reconstitué à 14,5 %
Valeur	[illegible]	1999	-
Énergétique	kcal	476	69
PROTÉINES	g	10,9	1,6
• Caséine	g	6,6	1
• Protéines sériques	g	4,3	0,6
• Carnitine	mg	5,7	0,8
GLUCIDES	g	64	9,3
• Lactose	g	32,7	5,8
• Maltodextrines	g	24,3	3,5
LIPIDES	g	19,8	2,8
• Acide linoléique*	g	3,43	0,497
• Acide alpha linolénique*	g	0,333	0,048
MINÉRAUX	g	3	0,4
• Sodium	g	0,18	0,026
• Calcium	mg	510	74
• Phosphore	mg	300	44
• Fer	mg	9,5	1,4
• Magnésium	mg	50	[illegible]
• Zinc	mg	4,1	[illegible]
• Iode	µg	137	20
• Sélénium	µg	6,1	0,88
• Cuivre	mg	0,42	0,061
• Potassium	mg	700	102
• Chlore	mg	340	49
• Manganèse	mg	0,07	0,01
• Fluor	µg	<100	<15
VITAMINES			
• A	UI	1400	203
	µg	420	61
• D3	UI	300	44
	µg	7,5	1,1
• E	mg	5,2	0,75
• C	mg	51	7,4
• B1	mg	0,5	0,073
• B2	mg	1	0,15
• PP	mg	7	1,02
• B6	mg	0,8	0,12
• Acide folique	µg	70	10
• B12	µg	2	0,29
• Biotine	mg	0,015	0,0022
• Acide pant.	mg	3,3	0,48
• K1	µg	51	7,4
• Humidité	g	2,5	

*Acides Gras Essentiels

NOS CONSEILS D'UTILISATION

Il est important pour la santé de votre bébé de bien respecter les instructions suivantes :
- Avant de préparer le biberon, assurez-vous que le biberon et ses accessoires ainsi que vos mains et votre plan de travail sont propres.
- Préparez le biberon juste avant le repas.
- Pour préparer le biberon, utiliser exclusivement la mesurette contenue dans cette boîte de lait.
- Une fois préparé, il est recommandé de consommer le biberon dans la demi-heure.
- Après la tétée, si votre bébé n'a pas tout bu, jetez le reste du biberon sans hésiter.
- Nettoyez le biberon et les accessoires (bague vissante, disque obturateur, tétine) et stérilisez l'ensemble à chaud ou à froid.
- Une fois ouverte, la boîte peut se conserver au maximum 4 semaines bien refermée dans un endroit sec et frais.

Indication de l'âge du début de consommation : imposée par la réglementation européenne.

Indication présente sur tous les produits de l'alimentation infantile afin d'éviter des intolérances. Liste complète des ingrédients.

Analyse nutritionnelle : indique les apports en constituants alimentaires.

Conseils de stockage et d'utilisation après ouverture.

Date de Durabilité Minimale (DDM) – nouvelle appellation qui remplace la DLUO depuis août 2005.
Ce lait est sans gluten.

Fiche 61

1.2. La composition

Les produits alimentaires doivent répondre à des normes strictes de fabrication, d'hygiène et de composition.

1.3. Les précautions à prendre

Il est nécessaire de suivre les indications concernant l'âge, le mode de préparation, et le mode de stockage.

2. La qualité sanitaire des aliments

2.1. Origine et justification des caractéristiques des produits les rendant aptes à l'alimentation des jeunes enfants

La réglementation infantile définit à la fois un niveau de sécurité optimal ainsi qu'une composition nutritionnelle adaptée.

Au niveau de l'agriculture, il existe des seuils maximum en termes de pesticides et de nitrates.

Au niveau nutritionnel, des seuils limites sont imposés pour certains ingrédients :

- peu de sel : il est important de ne pas rajouter de sel ;
- peu de sucres : l'ajout de sucres et la teneur en glucides sont limités dans les aliments infantiles ;
- protéines, lipides, glucides, vitamines, minéraux : la dose doit être adaptée à l'âge de l'enfant.

2.2. Texture

La texture doit également être adaptée à l'âge de l'enfant :

- homogénéisée (mixée et lisse) à partir de 4-6 mois ;
- moulinée à partir de 6 mois ;
- petits morceaux tendres à partir de 8 mois ;
- gros morceaux fondants à partir de 12 mois.

2.3. Sécurité sanitaire

Ces aliments sont contrôlés régulièrement par des organismes officiels et offrent une sécurité bactériologique.

LES ALLERGIES ET LES INTOLÉRANCES ALIMENTAIRES

Les allergies comme les intolérances alimentaires nécessitent une grande vigilance de la part des parents, des assistants maternels ou des ATSEM en charge de l'enfant. Les réactions provoquées par l'ingestion d'un aliment sont variables, parfois très sévères, et peuvent être fatales dans certains cas. Cela aura un impact sur la vie sociale de l'enfant lorsque celui-ci mangera à la cantine par exemple.

1. LES ALLERGIES ALIMENTAIRES

1.1. Les signes les plus fréquents

Une allergie est une réaction du système immunitaire vis-à-vis d'une substance, appelée allergène, présente dans un aliment.
Les signes les plus fréquents de l'allergie sont :

- cutanés : eczéma, urticaire ;
- respiratoires : toux, asthme ;
- digestifs : vomissements, nausées.

Mais on peut également observer des signes plus graves comme des œdèmes (gonflements dûs à la présence d'une quantité anormale de liquide dans les tissus).

1.2. Allergie à l'œuf

Les allergies aux œufs se manifestent le plus souvent chez les enfants entre 2 et 7 ans.

La plupart des réactions allergiques aux œufs se manifestent au niveau de la peau : éruptions cutanées, eczéma et rougeurs.

Les symptômes peuvent se manifester de quelques minutes à 72 h après ingestion de l'œuf. La gravité ne dépend pas de la quantité consommée. Il est nécessaire de lire attentivement les étiquettes lors de l'achat des produits alimentaires.

1.3. Allergie à l'arachide

L'arachide est un allergène alimentaire et fait partie de la famille des légumineuses.

Les symptômes sont : inconfort digestif, diarrhées, vomissements, urticaire et manifestations respiratoires.

Beaucoup de produits alimentaires contiennent de l'arachide. Il est nécessaire de lire attentivement l'étiquette des produits alimentaires avant de les acheter. De même, les plats seront préparés à base d'huile d'olive ou de tournesol.

2. Les intolérances alimentaires

2.1. Définition et symptômes

Une intolérance alimentaire est une réaction provoquée par une substance suite à son ingestion mais qui n'a pas d'origine immunitaire.

Les symptômes de l'intolérance sont principalement digestifs et se situent au niveau de l'estomac et de l'intestin (douleurs abdominales, diarrhées, crampes...).

2.2. Intolérance au gluten

L'intolérance au gluten est également appelée maladie de cœliaque. Elle apparaît au moment de la diversification, lorsqu'on ajoute des farines infantiles dans les biberons.

Les symptômes les plus fréquents sont des troubles digestifs : douleurs abdominales, diarrhées, vomissements avec une fonte musculaire, un gonflement de l'abdomen et un retard de croissance.

Lorsqu'un enfant développe une intolérance au gluten, il est impératif de lire les étiquettes de produits alimentaires au moment de leur achat.

2.3. Intolérance au lactose

L'intolérance au lactose se manifeste par l'apparition de symptômes 10 à 20 minutes après ingestion de lait ou de produits laitiers.

Les symptômes sont des douleurs abdominales, des diarrhées ou de la constipation.

2.4. Intolérance aux protéines de lait de vache

L'intolérance aux protéines de lait de vache débute le plus souvent chez le nourrisson âgé de moins d'un an, et peut s'observer au moment du sevrage.

La diversification doit se faire en excluant le lait de vache sous toutes ses formes. La tolérance immunitaire survient généralement au cours de la deuxième ou troisième année de vie de l'enfant.

LES RÉGIMES ALIMENTAIRES DE L'ENFANT

Un régime alimentaire est une conduite à tenir en matière d'alimentation correspondant à un état physiologique particulier.

1. LES PRINCIPAUX RÉGIMES ALIMENTAIRES

Ils consistent à modifier l'alimentation pendant la durée des troubles digestifs.

Troubles digestifs	Symptômes	Principes du régime
Fiche 13 Diarrhée aiguë	Émission de selles liquides et fréquentes.	• Beaucoup d'eau. • Ration suffisante de riz, carottes. • Interdire le lait de vache.
Fiche 43 Vomissements	Renvois par saccades du contenu de l'estomac.	• Épaissir les biberons (poudre pour les nourrissons) ou les purées et bouillies. • Fractionner les repas.
Constipation	Selles rares et dures, ralentissement du transit intestinal.	• Augmenter l'apport en fibres (légumes et fruits). • Préférer les eaux très minéralisées et les jus de fruits frais. • Éviter le riz, la maïzena, les carottes, les bananes.

2. Les régimes d'exclusion

Ils consistent à supprimer une catégorie d'aliments contenant des substances non tolérées.

Substances non tolérées	Caractéristiques	Principe du régime
Gluten	Protéine présente dans certaines céréales (blé, orge, avoine, seigle).	• Utiliser des farines sans gluten (fécule de maïs). • Interdiction de tout aliment en contenant.
Protéines du lait de vache	Protéines solubles. Intolérance non définitive.	• Utiliser des poudres de lait ne contenant pas de protéines allergisantes. • Supprimer les produits laitiers. • Préférer les produits à base de soja.
Arachide	Lipides présents dans de nombreuses préparations alimentaires.	• Suppression totale par une lecture attentive des étiquettes.

3. Le régime d'un enfant diabétique

Le diabète est un trouble du pancréas provoquant une disparition partielle ou totale d'insuline, hormone qui permet de réguler la glycémie. Il convient de :

- respecter les horaires des repas (4 par jour) ;
- éviter les aliments trop sucrés ;
- calculer la ration de glucides afin d'éviter des troubles graves en cas d'hyperglycémie ou d'hypoglycémie.

LA PRÉVENTION DES RISQUES LORS DE L'ACHAT DE DENRÉES

L'achat des produits alimentaires doit se faire dans un ordre logique afin d'éviter la rupture de la chaîne du froid.

1. LES RÈGLES DE LA CHAÎNE DU FROID

1.1. Avant d'arriver dans le magasin

Les aliments sont fabriqués, conditionnés et transportés dans des conditions de température qui permettent de les conserver sains.

1.2. En magasin

Les produits frais ou surgelés sont immédiatement placés dans des enceintes où leur température est respectée (4 à 8 °C pour les produits frais et – 18 °C pour les surgelés).

En cas de problème de température lors de l'acheminement des produits alimentaires, ceux-ci seront immédiatement détruits.

1.2. Du magasin au domicile

Si l'industrie alimentaire est bien structurée et contrôlée, il est plus difficile d'éviter la rupture de la chaîne du froid entre le magasin et le domicile. **La sécurité alimentaire repose sur une bonne organisation de la personne qui fait les courses et dans la manière de les faire.**

Lorsque les produits frais ou surgelés sont placés dans le chariot, ils vont remonter très vite en température. La température ambiante sera plus propice à la multiplication des micro-organismes dans l'aliment augmentant ainsi le risque d'intoxication alimentaire.

2. L'ORGANISATION DES COURSES

2.1. Recommandations

Lorsque l'on fait les courses, il ne faut pas entraîner une augmentation de la température des produits alimentaires à risque.

Il faut donc :

- commencer les courses par les produits non alimentaires ;
- poursuivre par les produits secs (épicerie, pâte, riz) et les boissons ;

- terminer par les produits frais (beurre, fromage...) et les produits surgelés ;
- mettre les produits dans un sac isotherme pour limiter le risque de rupture de la chaîne du froid.

Lors de l'achat de produits chauds en magasin (exemple : plats cuisinés au rayon traiteur), il faut prévoir de les prendre au dernier moment afin d'éviter de rompre la chaîne du chaud.

2.2. La réglementation

La législation impose que les produits chauds soient maintenus à une température supérieure à 63 °C jusqu'à la vente pour éviter la multiplication des micro-organismes. De ce fait, il est bien de les maintenir dans un sac isotherme pour ne pas les laisser refroidir en attendant de les manger. Il est important de les consommer le plus rapidement possible afin d'éviter leur contamination par des micro-organismes. Il est également préférable de jeter les restes.

Remarque

Il est recommandé de vérifier les dates de péremption des produits alimentaires avant de les mettre dans le chariot.

LA COMMERCIALISATION DES PRODUITS ALIMENTAIRES

1. LES FORMES DE COMMERCIALISATION DES ALIMENTS

La commercialisation des aliments fait l'objet d'une réglementation stricte. Les denrées présentées à la vente doivent comporter un étiquetage pour bien informer le consommateur.

1.1. Les différentes formes de commercialisation

Les produits alimentaires sont commercialisés sous différentes formes selon la catégorie auxquels ils appartiennent.

Forme de commercialisation	Mode de conservation	Fabrication du produit	Exemples
1re gamme	Réfrigération	Produits frais sans transformation, à conserver au frais à une température entre + 2 °C et + 8 °C	Tomate, viande
2e gamme	Appertisation	Aliment traité (lavage, épluchage…) puis mis dans une boîte fermée à chaud ou sous vide d'air, puis stérilisé de + 115 °C à 130 °C pendant 10 min à 3 h.	Macédoine de légumes, haricots
	Stérilisation	Aliment porté à + 115 °C pendant 15 à 20 min dans un emballage clos.	Lait UHT
	Pasteurisation	Aliment chauffé de + 75°C à + 95°C pendant 15 à 20 sec.	Lait pasteurisé
3e gamme	Congélation	Aliment refroidi à une température de – 18°C. Le cœur de l'aliment sera à – 18°C en quelques heures.	Poisson, courgette
	Surgélation	Aliment refroidi à – 40°C pour obtenir – 18°C au cœur de l'aliment en quelques minutes.	Pizza

4e gamme	Sous atmosphère contrôlée	Aliment travaillé (lavage, épluchage, taillage…) puis mis en sachet sous une atmosphère modifiée ($O_2 + CO_2$). La température de conservation sera de + 0° C à + 4° C	Salade, carotte râpée
5e gamme	Sous vide	Aliment frais préparé puis mis en sachet imperméable vidé de son air.	Betterave, pomme de terre, gésiers de volaille

1.2. Les avantages et limites des formes de commercialisation

Forme de commercialisation	Avantages	Inconvénients
1re gamme	Peu de changement des apports nutritionnels	Vitamines souvent détruites. Conservation à durée limitée à cause du développement microbien
2e gamme	Conservation longue Micro-organismes détruits par la chaleur	30 % des vitamines, éléments minéraux et aussi les glucides, lipides et protéines sont détruits
3e gamme	Conservation du goût et de la valeur nutritionnelle Pas de développement microbien	Ne pas rompre la chaine du froid (en dessus de – 18°C)
4e gamme	Légumes avec les mêmes avantages que les légumes de 1re gamme	Courte durée de conservation Développement lent des micro-organismes
5e gamme	La chaleur empêche le développement des micro-organismes Préparation de courte durée	Les aliments frais se conservent moins longtemps que les aliments cuits Les fortes montées en température font perdre aux aliments de leur valeur nutritionnelle.

2. L'étiquetage

L'étiquetage doit faire figurer diverses informations qui renseignent objectivement le consommateur. L'étiquetage doit être précis et ne doit pas induire le consommateur en erreur.

2.1. L'étiquetage des produits préemballées

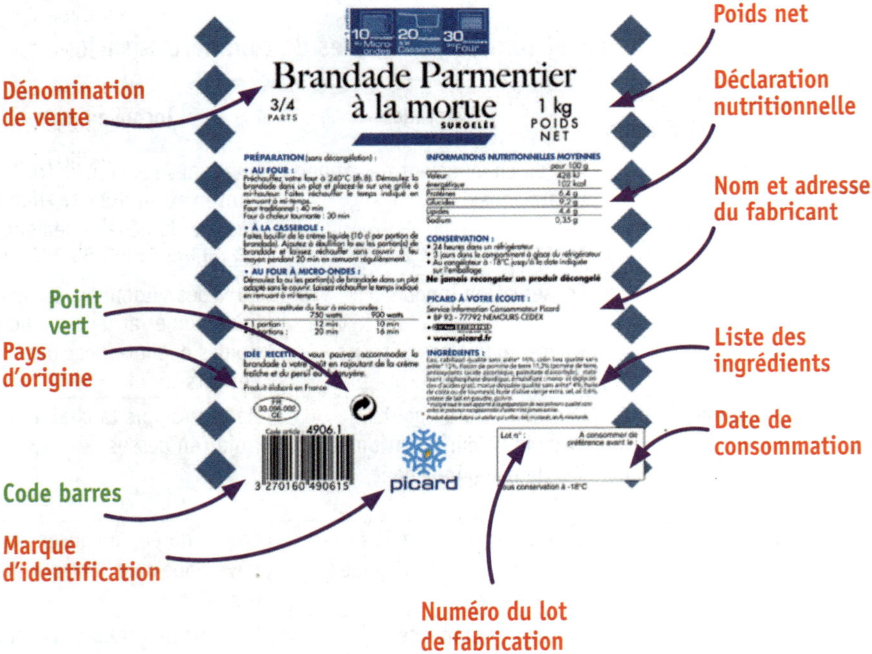

En rouge : mention obligatoire
En vert : mention facultative

2.2 L'étiquetage des produits non préemballées

Les denrées non préemballées sont les denrées présentées à la vente en vrac ou non emballées c'est-à-dire sans emballage à la vente et emballées à la demande du client au moment de l'achat (exemple : fruits ou légumes en vrac, baguette de pain, pâtisserie non emballée, traiteur, etc.) ou préemballées en vue de la vente immédiate. Une affichette (ou un écriteau) doit être placée à proximité du produit proposé à la vente en mentionnant :

- la dénomination de vente ;
- la présence d'allergènes ;
- l'état physique du produit (exemple : décongelé) ;
- le prix de vente (exemple : à la pièce et/ou au poids selon le cas).

3. La qualité des produits alimentaires

La réglementation française distingue plusieurs signes de qualité :

	Garandie de l'origine : AOP, AOC, IGP
	Garantie d'une recette traditionnelle
	Garantie de la qualité supérieure
	Garantie du respect de l'environnement et du bien-être de l'animal

FICHE 59 LE STOCKAGE DES PRODUITS ALIMENTAIRES

Le consommateur est le dernier maillon de la chaîne du froid. Il ne doit pas l'interrompre, et le transport et la conservation des aliments doivent se faire à bonne température : entre 0 °C et + 8 °C.

Afin de conserver la fraîcheur des produits, il est indispensable de les entreposer correctement.

1. AVANT DE RANGER LES DENRÉES

Consignes	Avantages
Retirer les suremballages.	Les papiers et cartons freinent le refroidissement des aliments et sont porteurs de micro-organismes.
Nettoyer les légumes.	Les parties abîmées et la terre sont éliminées car elles sont sources de contamination pour les autres aliments.
Emballer les denrées saines.	Le contact avec les autres aliments est évité, la prolifération des odeurs est limitée et le dessèchement ralenti.
Régler le thermostat.	La température doit toujours être contrôlée, il est utile de placer un thermomètre à l'intérieur des différentes zones de froid.
Vérifier les dates limite de consommation.	Les produits dont ces dates sont dépassées sont éliminés, les autres sont repérés et rangés pour être utilisés avant la fin du délai de conservation. Un plat cuisiné se conserve 3 jours après la date de fabrication, un produit fragile à base d'œufs crus se garde 24 heures.

À savoir

Tous les aliments conservés doivent être sains et propres. Éviter de poser les produits sur le sol avant de les mettre dans le réfrigérateur.

La durée de conservation est la période pendant laquelle un fabricant garantit la fraîcheur du produit dans des conditions normales de conservation ; cette date ne doit pas être dépassée.

2. La place des denrées dans le réfrigérateur

Les aliments ne se conservent pas tous à la même température. L'emplacement de la zone froide et de la zone fraîche varie selon les modèles. Il faut éviter d'entasser les produits pour assurer une meilleure conservation.
À partir de l'évaporateur (zone la plus froide) l'air froid descend dans le réfrigérateur et se réchauffe au contact des denrées qu'il refroidit.

Zones de froid	Aliments et durée de conservation
Évaporateur – 2 °C	Surgelés quelques heures et cubes de glace
Zone froide de 0 à + 4 °C	Viande et poisson frais, 24 à 48 heures
Zone fraîche de + 4 à + 6 °C	Plats cuisinés, 1 à 3 jours
Bac à légumes à 6 °C	Végétaux crus, 4 à 5 jours
Porte du réfrigérateur de 6 °C à 10 °C	Boissons, yaourts, œufs… (selon les DLC)

Certains réfrigérateurs sont équipés d'un compartiment à basse température, celle-ci varie suivant le nombre d'étoiles qui figurent sur l'appareil ainsi que le stockage des surgelés.

- Une étoile (*) = – 6 °C = stockage des surgelés 1 jour
- Deux étoiles (**) = – 12 °C = stockage des surgelés 3 jours
- Trois étoiles (***) = – 18 °C = stockage des surgelés plusieurs mois
- Quatre étoiles (****) = – 18 °C à – 30 °C = stockage des surgelés plus d'un an et possibilité de congeler soi-même.

Fiche 60 La conservation et la préparation des produits alimentaires

Pour maintenir la qualité des aliments, il faut suivre certaines règles qui permettent la suppression du développement de micro-organismes dans des préparations.

1. La conservation des aliments

1.1. La chaîne du froid

Fiche 59

Il s'agit du maintien à basse température d'aliments réfrigérés afin de conserver leurs qualités nutritionnelles et organoleptiques, et de les garder sains, du lieu de production à la cuisine.

Le froid limite la propagation des micro-organismes (bactéries, levures, moisissures).

Les denrées alimentaires périssables doivent être maintenues :

- **entre 0 °C et + 4 °C pour les produits très périssables** (viandes, produits tripiers, volailles, lapins, préparations de viande, produits traiteurs frais, charcuteries cuites ou à cuire, laits pasteurisés, fromages frais...) ;
- **à une température inférieure à + 8 °C pour les denrées périssables** (beurre et matières grasses, desserts lactés, produits laitiers frais autres que les précédents...).

1.2. Les risques liés à la rupture de la chaîne du froid

Toute hausse de la température va accélérer la croissance microbienne et donc réduire la durée de vie du produit.

Il y a rupture de la chaîne du froid si la température dépasse + 4 °C pour les produits très périssables ou au-delà de + 8 °C pour les produits périssables.

L'élévation de la température peut entraîner la prolifération de certains germes et rendre alors le produit dangereux.
Exemples : *salmonella*, *staphyloccus aureus*, *listeria monocytogène*.

À savoir

Lire l'arrêté du 29 septembre 1997 : il fixe les conditions d'hygiène applicables dans les établissements de restauration collective (crèches, écoles maternelles...).

2. La marche en avant

2.1. Le principe

De la réception des matières premières jusqu'à la livraison des plats, les denrées alimentaires suivent un circuit qui permet de respecter deux points :

- pas de retour en arrière d'un produit ;
- pas de croisement entre le produit « propre » (déconditionné) et le produit « sale » (l'emballage).

La marche en avant peut être réalisée dans l'espace, c'est-à-dire que la progression des denrées se fait sans retour en arrière, les locaux sont séparés.

La marche en avant peut s'effectuer dans le temps : c'est une séparation des activités, chaque opération se fait dans le même local mais entre chaque étape les locaux sont nettoyés et désinfectés pour que le circuit du propre et le circuit du sale ne se croisent pas.

2.2. L'intérêt

Les préparations ne risquent pas d'être contaminées et donc cette progression supprime le risque d'intoxication alimentaire.

FICHE 61 LES CONTAMINATIONS ALIMENTAIRES D'ORIGINE MICROBIENNE

La consommation d'un aliment contaminé par des micro-organismes, des parasites ou des substances chimiques peut être la cause d'une contamination alimentaire.

1. LES INFECTIONS ALIMENTAIRES ET LES INTOXICATIONS

Maladies infectieuses et agents pathogènes	Symptômes
• Les gastro-entérites provoquées par des **bactéries** : *escherichia coli, salmonelles, shigelles...*	• Diarrhées, vomissements, fièvre, déshydratation (chez les nourrissons).
• Les fièvres typhoïdes et para-typhoïdes provoquées par des **bactéries** : *salmonella* typhi et paratyphi.	• Fortes fièvres, hémorragies digestives, perforations intestinales, maux de tête, vertiges et infections généralisées (septicémie).
• Les listérioses provoquées par des **bactéries** : *listéria.*	• Infection des méninges et du sang (septicémie). • Septicémie pouvant aller jusqu'au décès. • Risque d'avortement.
• Les **toxi-infections** provoquées par *clostridium perfringens.*	• Troubles digestifs graves.
• La « maladie du banquet » provoquée par les *staphylocoques dorés.*	• Troubles digestifs graves.
• L'hépatite A provoquée par le **virus** *de l'hépatite A.*	• Fatigue, vomissements, fièvre, ictère (jaunisse).

À savoir

Les gastro-entérites sont fréquentes dans les collectivités d'enfants.

2. Les mesures préventives

• **Hygiène générale du personnel de cuisine :** tenue vestimentaire propre et réservée au travail, hygiène corporelle (ongles courts et propres, blessures protégées, cheveux longs attachés, absence de bijoux, lavages fréquents et efficaces des mains...).

• **Contrôle de la santé du personnel :** traitement des malades et vaccinations antityphoïde et antiparatyphoïde A et B, recherche des porteurs sains.

• **Traitement des aliments** qui risquent d'être contaminés :
- lavage des légumes et des fruits ;
- cuisson correcte des aliments (la chaleur détruit les micro-organismes) ;
- vérification des étiquetages, respect des DLC (date limite de consommation) et DDM (date de durabilité minimale). La DDM remplace l'ancienne DLUO (date limite d'utilisation optimale)

• **Respect de la chaîne du froid.**

• **Hygiène des locaux :** toilettes, poubelles, chasse aux rongeurs et insectes...

• **Entretien méticuleux des ustensiles :** désinfection de la vaisselle si nécessaire.

• **Hygiène durant le transport des préparations :** contrôle de la propreté et des températures des véhicules de livraison.

Définitions

Agent pathogène : micro-organisme qui entraîne des maladies.

Infection alimentaire : maladie due à l'ingestion d'un aliment contaminé par un micro-organisme qui va envahir l'organisme.

Porteur sain : personne qui héberge un micro-organisme sans présenter aucun signe d'infection.

Toxi-infection alimentaire (TIA) : infection d'origine alimentaire, dont la majorité des symtômes est due à une toxine secrétée par un micro-organisme.

Toxi-infection alimentaire collective (TIAC) : apparition d'au moins deux cas similaires de TIA.

FICHE 62 LES PARASITOSES ALIMENTAIRES ET LES CONTAMINATIONS CHIMIQUES

1. LES PARASITOSES ALIMENTAIRES ET LEURS SYMPTÔMES

1.1. Les parasites

Les parasites sont des êtres vivant aux dépens d'un autre organisme.
Les parasites sont transmis à l'homme par la consommation d'aliments contaminés au départ ou lors des manipulations par le personnel, par les locaux ou par les ustensiles.

Les parasites sont classés selon leur morphologie :

- **les protozoaires** (amibe dysentérique et toxoplasme) ;
- **les vers** (ténia, oxyure, ascaris, grande douve du foie, trichine).

Définition

Les parasitoses alimentaires : maladies dues à la présence d'un parasite dans l'organisme humain où il provoque des troubles.

1.2. Les aliments vecteurs

Les parasites se trouvent essentiellement dans :

- les végétaux crus (amibe, ascaris, oxyures) ;
- les viandes (bœuf, porc et cheval) et poissons provenant d'animaux porteurs et mal cuits (toxoplasme, ténia et trichine) ;
- les aliments peu ou mal cuits (amibes, toxoplasme) ;
- l'eau (amibe, ascaris) ;
- les végétaux sauvages : cresson, pissenlits (grande douve du foie).

1.2. Les mesures préventives

- **Hygiène générale des personnes** (personnels et enfants) : les selles des patients atteints de parasitoses rejettent des œufs, des larves, voire des vers adultes (les oxyures). Il y a donc un risque très important de contamination fécale : le lavage des mains en sortant des toilettes ou après un change est essentiel.

À savoir

L'arrêté du 10 mars 1977 interdit la manipulation des denrées par des porteurs de parasites.

• **Hygiène en cuisine** du personnel durant les manipulations.

• **Traitement des aliments** qui risquent d'être contaminés :
- lavage des légumes et fruits ;
- cuisson correcte des aliments : la chaleur détruit les parasites ;
- congélation des aliments : les œufs et les larves de parasites sont détruites par les températures négatives de – 18 °C.

• **Entretien méticuleux des ustensiles :** désinfection de la vaisselle si nécessaire.

2. Les contaminations chimiques

Des contaminants chimiques ou des métaux lourds peuvent polluer l'environnement (produits agricoles) et ainsi se retrouver dans les aliments que nous consommons.

2.1. Les risques de contamination chimique

Les aliments renferment des contaminants introduits :

• **lors de la production des aliments :** par des résidus de pesticides dans les végétaux ou par des résidus d'antibiotiques destinés aux animaux ;

• **par contact de l'aliment** avec des surfaces non autorisées pour les aliments, par la réutilisation d'emballages ;

• **par contact avec des produits d'entretien.**

2.2. Les mesures préventives

Des règles simples sont à mettre en œuvre :

• réserver les récipients alimentaires à un usage alimentaire ;

• effectuer un lavage minutieux des fruits et des légumes ;

• laver minutieusement la vaisselle et les ustensiles de cuisine servant à la préparation ;

• ne pas transvaser de produits d'entretien dans la cuisine, entreposer les produits de nettoyage à l'écart des aliments ;

• ne pas apporter de médicaments près des aliments.

DES EXEMPLES DE MENUS ÉQUILIBRÉS

Il n'existe pas de menu idéal. Celui-ci doit avant tout être varié et équilibré afin de couvrir les besoins nutritionnels de l'enfant.

La ration alimentaire doit être adaptée à l'âge de l'enfant, à son appétit mais également tenir compte de son activité physique.

Lors de l'élaboration des menus, il est souhaitable de tenir compte des saisons de production des fruits et légumes.

1. EXEMPLE DE MENU POUR UN ENFANT DE PLUS D'UN AN

Petit déjeuner	Déjeuner	Goûter	Dîner
• 250 ml de lait 2e âge ou de croissance • 1 tartine de pain avec du beurre et/ou de la confiture • 1 fruit	• Crudités • Pâtes • 30 g de viande ou de poisson ou 1/2 œuf • Beurre (1 noisette) • 1 fruit	• 250 ml de lait de suite ou de croissance • 1 compote	• 250 ml de soupe • 1 laitage (yaourt ou fromage blanc) • 1 compote

D'après le Programme National Nutrition Santé

2. Exemple de menu pour un enfant de 2 à 3 ans

Petit déjeuner	Déjeuner	Goûter	Dîner
• Lait de croissance • Pain ou céréale (30 g) • Beurre (1 noisette) • 1 fruit	• Crudités • Viande, poisson ou œuf (30 à 50 g) • 150 g de féculents, légumes verts ou légumes secs • Matière grasse (2 cuillères à café) • 1 fruit • Pain (10 à 20 g)	• 150 ml de lait ou équivalent • Pain ou équivalent (10 à 20 g) • 1 fruit	• Crudités ou potage de légumes • 150 g de féculents ou légumes (en fonction du déjeuner) • Matière grasse (2 cuillères à café) • 1 laitage

D'après le Programme National Nutrition Santé

L'eau est la boisson qui accompagnera les repas et qui sera servie à volonté à l'enfant. Les jus de fruits ne sont pas indispensables et doivent rester exceptionnels.

3. Élaboration des menus à l'âge scolaire

Lorsque l'enfant est scolarisé et qu'il mange à la cantine, il est important, lors de l'élaboration des menus, de tenir compte de la composition des repas du midi (déjeuner) afin de respecter le principe de l'équilibre alimentaire.

L'HYGIÈNE LORS DE LA PRÉPARATION DES REPAS

1. LA TENUE PROFESSIONNELLE

Pour des raisons d'hygiène, il est exigé d'avoir une tenue professionnelle adaptée :

- **une blouse** réservée à la cuisine, car les vêtements de ville sont porteurs de micro-organismes ;
- **des chaussures antidérapantes** afin d'éviter les accidents de travail (chutes, glissades...) ;
- **une charlotte** pour envelopper les cheveux qui auront préalablement été attachés ;
- **les bijoux doivent être enlevés.**

2. L'HYGIÈNE DU PERSONNEL

- La propreté corporelle doit être irréprochable.
- Les ongles doivent être courts et sans vernis.
- Les mains doivent être lavées en début et en fin de tache, avant de manipuler un produit à risque (exemple : la viande), après avoir manipulé des produits ou matériels sales (exemple : œufs, épluchures...), ou lors des opérations de conditionnement.
- Le port de gant n'enlève pas l'obligation de se laver les mains.

3. L'HYGIÈNE DU PLAN DE TRAVAIL

Laver et désinfecter le plan de travail avant de préparer le matériel et les ingrédients nécessaires à la réalisation des fabrications.

4. L'HYGIÈNE DES DENRÉES

4.1. Lors de l'achat

Les produits alimentaires doivent être contrôlés au moment de leur achat : il faut vérifier la date limite de consommation (DLC) mais également l'intégrité des emballages et la qualité des produits frais.

4.2. Le stockage des produits alimentaires

- Après achat, stocker très rapidement les produits alimentaires soit au réfrigérateur soit au congélateur pour ne pas briser la chaîne du froid.
- Gérer la sortie des produits alimentaires en respectant la règle « les premiers entrés sont les premiers sortis ».
- Vérifier avant utilisation des produits la date limite de consommation (DLC) ou date de durabilité minimale (DDM).

À savoir

DLC : indique une limite impérative. Elle s'applique à des denrées périssables. Les aliments sont susceptibles, après une courte période, de présenter un danger immédiat pour la santé humaine.
DDM : n'a pas de caractère impératif. Une fois la date passée, la denrée peut avoir perdue tout une partie de ses qualités spécifiques sans pour autant constituer un danger pour le consommateur.

5. Pendant les préparations

- Respecter la marche en avant : le propre et le sale ne doivent pas se croiser et le retour en arrière n'est pas autorisé.
- Ne jamais travailler directement sur le plan de travail même si celui-ci a été préalablement lavé et désinfecté.
- Nettoyer le plan de travail entre deux préparations différentes pour éviter les contaminations croisées.
- Laver le dessus des boîtes appertisées avant de les ouvrir.
- Ne pas laisser les préparations à risque sur le plan de travail mais les filmer et les stocker au réfrigérateur pour les préparations froides ou les maintenir au bain-marie ou au four pour les préparations chaudes.
- En fin de travail, nettoyer le matériel et le ranger sans oublier de laver et désinfecter le plan de travail. Les appareils électriques doivent être débranchés avant d'être nettoyés.

6. La gestion des restes

Les restes de denrées alimentaires non utilisés sont immédiatement stockés soit au réfrigérateur soit au congélateur dans des boîtes hermétiques et propre.

PRÉPARER DES FRUITS ET LÉGUMES FRAIS

Le lavage, l'épluchage, le taillage des végétaux en vue de leur utilisation permettent d'éliminer la partie non comestible et de mettre en valeur les fruits et légumes frais.

1. LE LAVAGE

Les végétaux sont décontaminés par trois bains successifs pour éliminer les micro-organismes et les impuretés (sable, terre, insectes...).

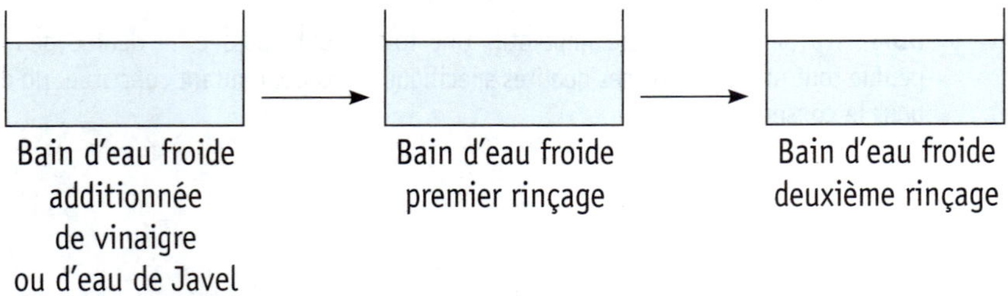

À savoir

- Ajouter au premier bain d'eau froide 0,05 l de vinaigre par litre d'eau ou deux gouttes d'eau de Javel par litre d'eau.
- Le bionettoyage des légumes et des fruits frais s'effectue avant l'épluchage sauf pour quelques végétaux comme la salade, les poireaux...

2. L'ÉPLUCHAGE

L'épluchage consiste à éliminer la peau, les racines, les feuilles et à ne laisser que la partie comestible de l'aliment. Cette opération s'effectue avec un couteau d'office, un économe, un vide-pomme. Le travail progresse de gauche à droite pour un droitier et dans le sens inverse pour un gaucher.

Végétaux à éplucher à gauche de l'opérateur → Épluchage des végétaux devant l'opérateur → Végétaux épluchés à droite de l'opérateur

Les végétaux sont triés pour effectuer un épluchage en série. Les épluchures doivent être fines. Certains fruits et légumes doivent être citronnés pour éviter le noircissement au contact de l'air. Les épluchures doivent être éliminées rapidement.

3. Le taillage

Les fruits et légumes sont découpés en morceaux réguliers (rondelles, cubes, bâtonnets, lamelles...) pour faciliter la cuisson et améliorer la présentation.

Le taillage s'effectue à l'aide d'un couteau d'office sur une planche à découper.

La progression du travail s'effectue toujours dans le même sens, pour un droitier :

Végétaux épluchés à gauche de l'opérateur → Taillage des végétaux devant l'opérateur → Végétaux taillés à droite de l'opérateur

À savoir

Cubes de 1 cm de côté = taillage en mirepoix.
Exemple : betteraves.
Cubes de 0,5 cm de côté = taillage en macédoine.
Exemple : macédoine de légumes.
Bâtonnets de 1 cm × 1 cm × 6 cm = taillage pont-neuf.
Exemple : frites.

LA PRÉPARATION D'UN JUS D'ORANGE

Matériel		Ingrédients
• 1 planche à découper • 1 couteau • 1 presse-agrume • 1 verre • 2 assiettes		• 2 oranges • Fruits ou bonbons en décoration (facultatif) • 1 paille • 4 cuillères à soupe de vinaigre blanc

Avant de commencer, se mettre en tenue et se laver les mains.

	• Préparer le matériel et le poste de travail. • Préparer l'eau de lavage des oranges en ajoutant le vinaigre blanc (vinaigre d'alcool) dans un litre d'eau. • Déposer les oranges dans l'eau vinaigrée et les laisser tremper 5 minutes.
	• Sortir les oranges et les placer dans une assiette. • Déposer une orange sur la planche à découper et la couper en deux. • Placer une moitié sur une nouvelle assiette.

	• Presser une moitié d'orange puis l'autre à l'aide du presse-agrumes.
	• Verser le jus dans le verre. • Faire la même chose avec la seconde orange.
	• Réaliser éventuellement une décoration adaptée à l'âge de l'enfant.

Fiche 25 Pour terminer, ranger le matériel et les produits, faire la vaisselle et se laver les mains.

À savoir

Afin de préserver les vitamines, le jus d'orange doit être consommé immédiatement. Si une attente est nécessaire, le verre sera recouvert d'un film transparent et entreposé au frais.

LA PRÉPARATION D'UNE SALADE DE FRUITS FRAIS

Matériel		Ingrédients
• 1 passoire • 1 assiette • 1 planche à découper • 1 couteau d'office • 1 couteau économe • 1 saladier (service) • 1 presse-agrume		• 2 oranges • 2 pommes • 2 bananes • 2 pêches • 2 kiwis • 1 citron • 8 framboises • 2 sachets de sucre vanillé

Avant de commencer, se mettre en tenue et se laver les mains.

	• Laver tous les fruits. • Les placer dans une passoire.
	• Presser une orange, ajouter le sucre vanillé et réserver le jus. • Éplucher l'autre orange à vif sur une planche à découper.

Fiche 66

	• Défaire délicatement chaque tranche de l'orange (en suprême). • Éplucher les autres fruits : pommes, bananes, kiwis, pêches (à l'aide d'un couteau ou d'un économe). • Couper les pêches en deux et enlever le noyau.
	• Tailler en dés les pommes et les pêches, les morceaux doivent être adaptés à l'âge de l'enfant. • Couper les bananes et les kiwis en rondelles. • Placer les fruits dans le saladier.
	• Presser le citron et verser immédiatement le jus sur les fruits coupés. • Ajouter le jus d'orange vanillé. • Décorer avec quelques framboises.

Fiche 25 Pour terminer, ranger le matériel et les produits, faire la vaisselle et se laver les mains.

À savoir

Les fruits coupés, tels que les pommes et les bananes, s'oxydent vite à l'air libre, donc noircissent ; le jus de citron retarde cette oxydation.

FICHE 68 La préparation de carottes râpées

Matériel

- 1 couteau économe
- 1 couteau d'office
- 1 passoire
- 1 robot ménager avec râpe à légumes
- 3 assiettes
- 1 saladier
- 1 bol
- 4 assiettes de service

Ingrédients

- 500 g de carottes
- 2 cuillères à soupe d'huile d'olive
- Le jus d'un citron
- Sel
- Quelques feuilles de salade verte (facultatif)
- 4 olives (facultatif)

Avant de commencer, se mettre en tenue et se laver les mains.

Organiser le poste de travail. Disposer:
- 1 assiette avec les légumes à éplucher;
- 1 assiette au centre pour les épluchures;
- 1 assiette pour les carottes épluchées.

Le travail se fait de gauche à droite pour les droitiers, de droite à gauche pour les gauchers.

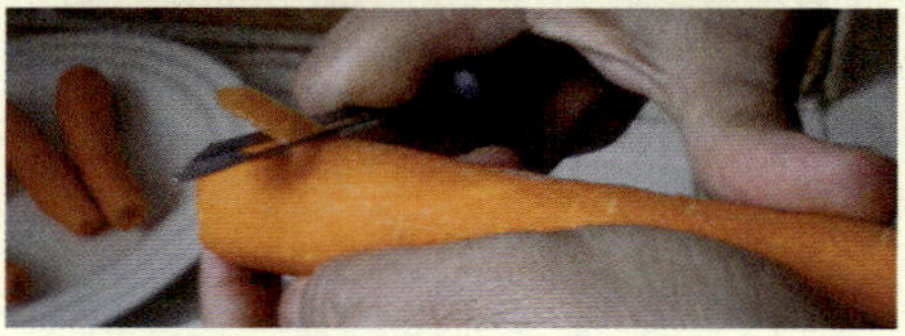

- Laver les carottes.
- Couper les deux extrémités de la carotte.
- Éplucher en utilisant un couteau économe par bandes de haut en bas.
- Éliminer les épluchures.
- Se laver les mains.

- Laver les carottes sous l'eau courante froide. Les placer dans une passoire.
- Laver les feuilles de salade.
- Dénoyauter les olives.

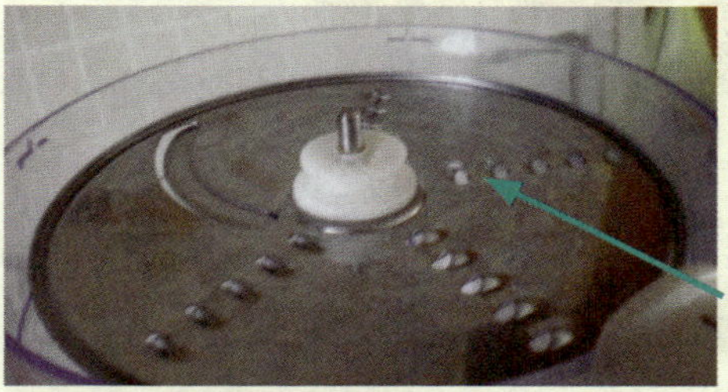

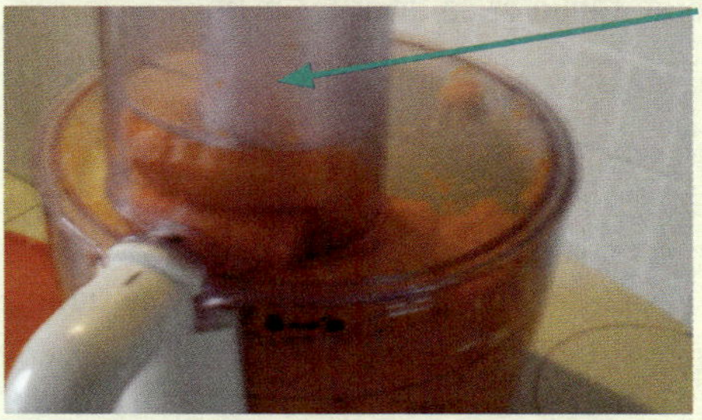

- Préparer le robot coupe avec la râpe adaptée.
- Mettre les carottes dans la goulotte.
- Actionner le robot pour réaliser le râpage en utilisant le poussoir.
- Placer les carottes râpées dans un saladier.

- Préparer la sauce dans un bol : mélanger le jus du citron avec l'huile d'olive, puis saler.
- Verser, dans le saladier, la sauce sur les carottes râpées et mélanger.
- Dresser en assiette de service.
- Décorer avec de la salade et des olives noires (facultatif).
- Réserver au frais.

Fiche 25

Pour terminer, ranger le matériel et les produits, faire la vaisselle et se laver les mains.

À savoir

Il est nécessaire de préparer les carottes, comme tous les légumes râpés, le plus près possible du service afin de préserver les vitamines.

FICHE 69 LA PRÉPARATION DE LÉGUMES : LAVAGE, ÉPLUCHAGE, TAILLAGE POUR POTAGES

Matériel

- 1 couteau d'office
- 1 couteau économe
- 1 planche à découper
- 1 passoire
- 1 saladier

Produits

- 300 g de pommes de terre
- 350 g de poireaux
- 1 oignon
- 250 g de carottes
- 4 cuillères à soupe de vinaigre blanc

Avant de commencer, se mettre en tenue et se laver les mains.

- Organiser le poste de travail.
- Sur une planche à découper, couper les racines des poireaux, une partie des feuilles vertes et retirer les premières feuilles jaunies.
- Fendre les poireaux en quatre : en deux puis encore en deux.
- Laisser les autres légumes à l'état brut.

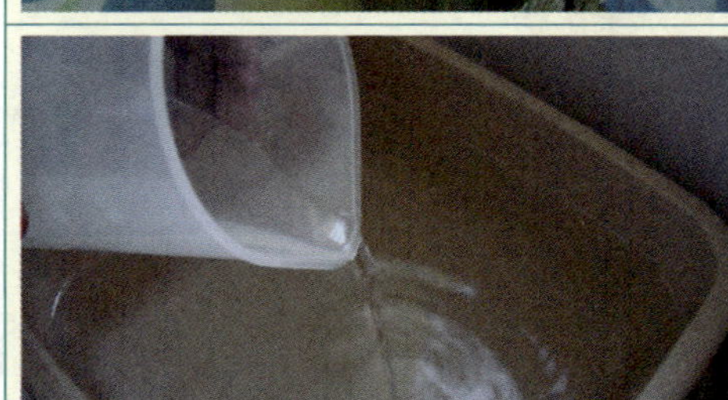

- Préparer l'eau de lavage des légumes.
- Respecter la mesure : 4 cuillères à soupe de vinaigre blanc pour 1 litre d'eau.

- Mettre les légumes dans l'eau vinaigrée, les frotter avec les mains.
- Laisser tremper les légumes dans l'eau pendant 15 minutes.
- Égoutter les légumes dans une passoire.

- Effectuer deux rinçages successifs en trempant les légumes dans un bac rempli d'eau claire.
- Égoutter les légumes.
- Éplucher l'oignon, les pommes de terre et les carottes avec un économe.
- Effectuer un rinçage supplémentaire pour les légumes terreux une fois épluchés.

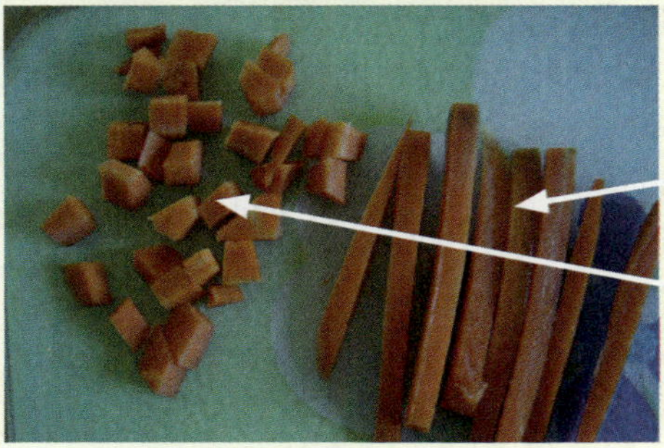

- Exemples de taillage :
- Taillage en bâtonnets (environ 0,5 × 4 cm).
- Taillage en mirepoix (environ 1 × 1 cm).

Fiche 25

Pour terminer, ranger le matériel et les produits, faire la vaisselle et se laver les mains.

À savoir

Brunoise, macédoine, paysanne, julienne sont d'autres taillages pouvant être employés pour les légumes.
Les légumes taillés doivent être traités rapidement pour éviter l'oxydation destructrice des vitamines.

LES DIFFÉRENTS TYPES DE CUISSONS

La cuisson des aliments est l'opération qui consiste à transformer un aliment sur le plan physico-chimique sous l'effet de la chaleur.

La cuisson permet de modifier le goût, l'aspect, la couleur, la texture, le poids ou les qualités nutritives.

Elle permet également d'améliorer l'hygiène alimentaire car elle détruit les micro-organismes ou les parasites présents dans l'aliment selon la température et le mode de cuisson.

1. LA CUISSON AVEC BRUNISSEMENT

La cuisson sans échange ou avec brunissement permet aux éléments nutritifs de rester dans l'aliment.

Mode de cuisson	Technique	Exemple
Sauter	L'aliment est cuit dans un peu de matière grasse.	Escalope panée, omelette…
Griller	L'aliment est cuit en le soumettant directement à la chaleur.	Steak, escalope de poulet…
Rôtir	L'aliment est cuit à découvert au four.	Poulet, rôti de bœuf…
Frire	L'aliment est cuit en le plongeant dans un bain d'huile très chaude.	Frites, beignets…

2. LA CUISSON SANS BRUNISSEMENT

La cuisson sans brunissement ou par diffusion permet aux éléments nutritifs de s'échapper de l'aliment.

Mode de cuisson	Technique	Exemple
Cuisson à la vapeur	L'aliment cuit grâce à la vapeur d'eau.	Potage, compote de pommes…
Pocher départ à chaud	L'aliment est cuit dans un liquide frémissant et aromatisé (avec un bouillon de cube par exemple).	Poisson au court bouillon, riz…
Pocher départ à froid	L'aliment est cuit dans un liquide froid au départ puis frémissant.	Fruits pochés…

3. LA CUISSON EN ATMOSPHÈRE COMBINÉE

La cuisson mixte combine deux types de cuissons : par concentration et par diffusion.

Mode de cuisson	Technique	Exemple
Braiser	L'aliment est cuit dans un peu d'huile puis est mouillé par un liquide.	Ragoût…

Privilégier la cuisson à la vapeur car elle permet de limiter la perte en éléments nutritifs et d'éviter l'ajout de matière grasse.

LA PRÉPARATION D'UN POTAGE DE LÉGUMES MIXÉS

Matériel	Ingrédients
• 1 grande casserole	• 350 g de poireaux
• 1 couvercle	• 300 g de pommes de terre
• 1 mixer	• 250 g de carottes
• 1 saladier (1 soupière)	• 1 oignon
• 1 couteau d'office	• 1,5 l d'eau
• 1 couteau économe	• 40 g de beurre (facultatif)
• 1 planche à découper	• Sel

Avant de commencer, se mettre en tenue et se laver les mains.

- Organiser le poste de travail.
- Laver les légumes et les éplucher avec un économe.
- Tailler les légumes en gros morceaux. Fiche 69

- Mettre les légumes dans la casserole.
- Ajouter l'eau froide.
- Saler légèrement.

	• Porter à ébullition (la casserole doit être munie d'un couvercle). • Laisser cuire environ 20 minutes à petits bouillons. • Arrêter la cuisson et présenter le potage tel quel ou réaliser un potage mixé.
	**Réaliser un potage mixé** • Plonger le mixer bien droit au centre de la casserole. • Veiller à ce qu'il soit bien immergé. • Mixer les légumes dans l'eau de cuisson.
	• Ajouter le beurre (facultatif). • Rectifier l'assaisonnement si nécessaire. • Présenter le potage dans un plat creux ou une soupière.

Fiche 25

Pour terminer, ranger le matériel et les produits, faire la vaisselle et se laver les mains.

À savoir

L'onctuosité du potage peut être augmentée en ajoutant de la crème fraîche, du gruyère râpé, un jaune d'œuf…

FICHE 72 LA PRÉPARATION D'UNE COMPOTE DE POMMES

Matériel	Produits
• 1 vide-pomme • 1 couteau économe • 1 couteau d'office • 1 planche à découper • 1 presse-agrume • 1 moulin à légumes • 1 casserole • 1 couvercle • 1 plat creux	• 1 kg de pommes • 70 g de sucre (facultatif) • 1 cuillère à soupe d'extrait de vanille liquide • 1 citron • 10 cl d'eau

Avant de commencer, se mettre en tenue et se laver les mains.

- Préparer le plan de travail.
- Laver les pommes.
- Évider les pommes à l'aide du vide-pomme.

- Peler les pommes à l'aide du couteau économe.
- Presser le citron et recueillir le jus.

	• Verser le jus de citron sur les pommes. • Sur une planche à découper, couper les pommes en quartiers.
	• Mettre les pommes dans une casserole avec l'eau et la vanille. • Cuire 15 à 20 minutes sur feu doux et à couvert.
	• Passer au moulin à légumes avec une grille fine ou écraser à la fourchette pour une petite quantité. • Ajouter éventuellement le sucre et mélanger. • Verser dans le plat de service.

Fiche 25 Pour terminer, ranger le matériel et les produits, faire la vaisselle et se laver les mains.

À savoir

La compote de pommes peut être utilisée pour garnir une tarte aux pommes, dans divers entremets ou dans des verrines.

LA PRÉPARATION DE FRUITS FRAIS POCHÉS

Matériel	Produits
• 1 balance ou un verre doseur • 1 vide-pomme • 1 couteau d'office • 1 presse-agrume • 1 couteau économe • 1 planche à découper • 1 casserole • 1 écumoire • 1 plat de service	• 4 pommes • 1 citron • 100 g de sucre • 1 cuillère à soupe d'extrait de vanille liquide • 1/2 l d'eau

Avant de commencer, se mettre en tenue et se laver les mains.

	• Préparer son plan de travail. • Peser le sucre. • Porter à ébullition dans une grande casserole l'eau, le sucre et la vanille.
	• Laver les pommes. • Évider les pommes, les éplucher. • Presser le citron et verser le jus sur les pommes.

	• Couper les pommes en deux. • Poser les demi-pommes dans le sirop de sucre frémissant, le côté bombé en premier. • Faire pocher 5 à 10 minutes.
	• Retourner les demi-pommes délicatement à l'aide de l'écumoire et faire pocher 3 à 5 minutes.
	• Retirer délicatement les fruits de la casserole à la fin de la cuisson avec l'écumoire et les poser sur le plat de service, le côté bombé dessus. • Faire réduire le sirop quelques minutes dans la casserole et napper les fruits.

Fiche 25

Pour terminer, ranger le matériel et les produits, faire la vaisselle et se laver les mains.

À savoir

Les fruits pochés peuvent être des pêches, des poires, des abricots... De la gelée de groseille peut être ajoutée au sirop, des amandes effilées grillées peuvent être piquées sur les fruits.

FICHE 74 LA PRÉPARATION D'UNE PURÉE DE POMMES DE TERRE ET CAROTTES

Matériel	Ingrédients
• 1 couteau d'office • 1 couteau économe • 1 passoire • 1 moulin à légumes • 1 autocuiseur • 1 saladier • 1 cuillère • 1 casserole	• 800 g de pommes de terre • 800 g de carottes • 15 cl de lait • 1 pincée de sel

Avant de commencer, se mettre en tenue et se laver les mains.

 	• Préparer le plan de travail. Fiche 69 • Laver les légumes. • Éplucher les légumes avec un économe. • Laver les légumes épluchés à l'eau claire et froide.
 	• Tailler les légumes en gros morceaux. • Verser deux verres d'eau dans le fond de l'autocuiseur, ajouter un peu de sel. • Placer les légumes dans le panier de l'autocuiseur.

	• Fermer l'autocuiseur, faire chauffer pendant 10 minutes à partir du dégagement de vapeur. • Régler la source de chaleur sous l'autocuiseur. • Refroidir l'autocuiseur sous le robinet d'eau froide quelques secondes. • Ouvrir l'autocuiseur.
	• Sortir le panier de l'autocuiseur. • Mouliner les légumes. • Faire chauffer le lait.
	• Ajouter le lait chaud aux légumes moulinés. • Mélanger vivement.

Pour terminer, ranger le matériel et les produits, faire la vaisselle et se laver les mains.

À savoir

Les carottes peuvent être remplacées par d'autres légumes comme les courgettes, les brocolis, les épinards.

LA PRÉPARATION D'UN GRATIN D'ÉPINARDS

Matériel		Produits
• 1 plat à gratin • 1 passoire • 1 casserole		• 500 g d'épinards surgelés en branches • 1/2 litre de sauce béchamel prête à l'emploi • 100 g d'emmental râpé

Avant de commencer, se mettre en tenue et se laver les mains.

	• Préparer son matériel et son plan de travail. • Vérifier les dates de péremption de tous les produits utilisés. • Vérifier que les légumes surgelés ne présentent pas de traces de congélation/décongélation (aspect de blocs avec glaçons). • Cuire les épinards en suivant le mode d'emploi inscrit sur l'emballage afin de conserver les qualités nutritionnelles et gustatives.
	• Égoutter les épinards en fin de cuisson. ⚠ Bien éliminer l'eau de cuisson.

	• Déposer les épinards égouttés dans un plat à gratin. • Napper de sauce béchamel.
	• Saupoudrer d'emmental râpé.
	• Positionner le bouton de réglage du four sur grill. • Enfourner sous le grill pour gratiner quelques minutes. • Maintenir le gratin au chaud jusqu'au moment du service.

Fiche 25 Pour terminer, ranger le matériel et les produits, faire la vaisselle et se laver les mains.

À savoir

Ce gratin peut être réalisé avec d'autres légumes surgelés : courgettes en rondelles, choux-fleurs, carottes…
Utiliser une manique ou un gant isotherme pour manipuler les plats sortant du four.

⚠ Ne jamais recongeler un produit décongelé.

LA PRÉPARATION DE CÉLERIS GRATINÉS À LA CRÈME

Matériel		Ingrédients
• 1 plat à gratin • 1 passoire • 1 ouvre-boîte		• 1 boîte de conserve de cœurs de céleri (4/4) • 1 brick de 20 cl de crème fraîche liquide • 100 g d'emmental râpé • Sel

Avant de commencer, se mettre en tenue et se laver les mains.

	• Préparer le matériel et le plan de travail. • Laver et rincer la boîte de conserve fermée en insistant sur le rebord qui va être coupé, essuyer parfaitement cette zone. • Laver, rincer et sécher l'ouvre-boîte.
	• Déconditionner les morceaux de céleris. • Égoutter.

	• Déposer les morceaux de céleris dans un plat à gratin.
 	• Napper de crème fraîche. • Saler. • Saupoudrer d'emmental râpé.
	• Positionner le bouton de réglage du four sur grill. • Enfourner sous le grill pour gratiner quelques minutes. • Maintenir le gratin au chaud jusqu'au moment du service.

Fiche 25

Pour terminer, ranger le matériel et les produits, faire la vaisselle et se laver les mains.

À savoir

Ce gratin peut être réalisé avec d'autres légumes en conserves appertisées: blettes, carottes, maïs…
Utiliser une manique ou un gant isotherme pour manipuler les plats sortant du four.

LA PRÉPARATION D'UN STEAK HACHÉ GRILLÉ

Matériel	Ingrédients
• 1 grill • 1 pinceau de cuisine • 1 spatule • 1 assiette • 1 ramequin	• 1 steak haché • 1 cuillère à café d'huile d'arachide

Avant de commencer, se mettre en tenue et se laver les mains.

- Préparer les pesées et le poste de travail.
- Préchauffer le grill pendant 3 à 4 minutes à feu vif.
- Verser l'huile d'arachide dans un ramequin.

- Huiler le steak haché des deux côtés à l'aide d'un pinceau trempé dans l'huile d'arachide.

	• Poser une face du steak haché sur le grill chaud dans la diagonale des ondulations de la plaque et attendre 1 minute sans appuyer dessus puis le faire pivoter d'un quart de tour et attendre 1 minute. • Retourner le steak à l'aide de la spatule.
	• Placer l'autre face du steak haché toujours dans la diagonale des ondulations de la plaque, attendre 1 minute, faire pivoter d'un quart de tour et attendre 1 minute.
	• Retirer le steak haché du grill à l'aide de la spatule et le présenter dans une assiette.

Fiche 25

Pour terminer, ranger le matériel et les produits, faire la vaisselle et se laver les mains.

À savoir

Suivant l'épaisseur et le degré de cuisson, on obtient un steak haché: bleu, saignant, à point ou bien cuit. Pour les enfants, il est préférable de mener la cuisson au moins jusqu'au stade «à point».

LA PRÉPARATION D'UN POULET RÔTI

Matériel	Ingrédients
• 1 plat à four • 1 grande cuillère • 1 pinceau de cuisine • 1 chinois • 1 ramequin	• 1 poulet • 1 cuillère à soupe d'huile d'olive • 1/2 verre d'eau (pour le plat) • 1 verre d'eau (pour la sauce) • Sel • Herbes de Provence

Définition

Chinois : ustensile de cuisine, de forme conique, avec une grille très fine, utilisé pour filtrer les sauces notamment.

Avant de commencer, se mettre en tenue et se laver les mains.

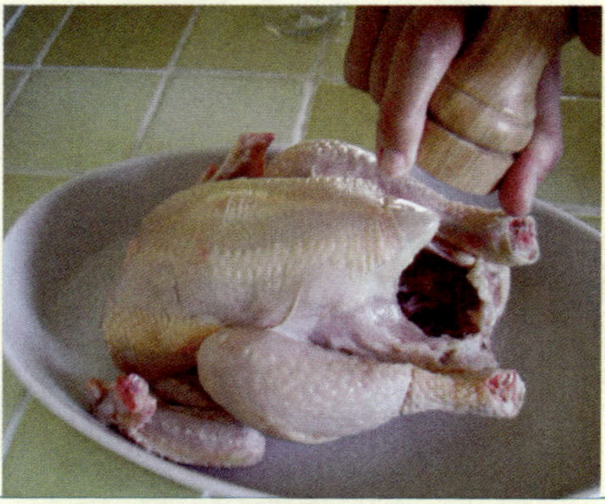

- Préparer les ingrédients et le poste de travail.
- Préchauffer le four à 180 °C (thermostat 6).
- Mettre le poulet dans un plat à four.
- Assaisonner l'intérieur du poulet avec le sel et les herbes de Provence.

- Placer l'huile dans un ramequin.
- Graisser le poulet à l'aide d'un pinceau trempé dans l'huile.
- Ajouter 1/2 verre d'eau dans le fond du plat.

- Faire cuire le poulet à four chaud pendant 1 heure à 1 h 30 selon son poids.
- Arroser le poulet de temps en temps avec le jus recueilli dans le plat.

- Tourner le poulet à mi-cuisson.
- À la fin de la cuisson, piquer le poulet au niveau de la cuisse, le jus qui sort doit être clair.

- Sortir le poulet du plat à four et le réserver au chaud avant de le découper.
- Déglacer le plat avec de l'eau pour produire le jus de rôti.
- Placer le jus dans un récipient, après l'avoir passé au chinois pour le filtrer.

Pour terminer, ranger le matériel et les produits, faire la vaisselle et se laver les mains.

À savoir

Il est également possible de rôtir le poulet à la broche, en croûte de sel ou en cocotte. Pour la cuisson du poulet, il faut compter 25 à 30 minutes pour 500 g, donc environ 1 heure pour un poulet de 1 kg.

LA PRÉPARATION D'UN RIZ À LA CRÉOLE

Matériel	Ingrédients
• 1 casserole ou un faitout • 1 couvercle • 1 passoire à grille fine • 1 saladier • 1 écumoire • 1 balance	• 250 g de riz long • 2 l d'eau • 1 cuillère à soupe de gros sel • Accompagnement : beurre, huile d'olive

Avant de commencer, se mettre en tenue et se laver les mains.

- Préparer le plan de travail.
- Effectuer la pesée pour le riz.
- Déposer le riz dans une passoire.
- Rincer sous l'eau froide.

- Faire bouillir l'eau avec un couvercle.
- Ajouter le gros sel.

	• Verser le riz en pluie dans l'eau bouillante. • Remuer avec l'écumoire jusqu'à la reprise de l'ébullition. • Cuire à ébullition sans couvercle pendant une dizaine de minutes (temps de cuisson indiqué sur l'emballage).
	• Verser le riz dans une passoire et le rincer en passant la passoire sous le robinet d'eau chaude. • Égoutter.
	• Mélanger au riz une noix de beurre ou de l'huile d'olive. • Déposer le riz dans un plat de service ou mouler le riz à l'aide de ramequins. • Servir aussitôt. ou • Placer au réfrigérateur pour utiliser la préparation dans une salade mélangée.

Fiche 25 Pour terminer, ranger le matériel et les produits, faire la vaisselle et se laver les mains.

À savoir

Il est possible d'ajouter dans l'eau de cuisson des aromates (par exemple une branche de thym) ou du colorant.

⚠ Pour éviter le risque de brûlure, le manche de la casserole doit être tourné vers l'intérieur.

FICHE 80 La préparation d'une purée à partir de produit déshydraté

Matériel	Ingrédients
• 1 verre mesureur • 1 plat adapté au four micro-ondes ou 1 casserole • 1 spatule • 1 saladier	• 1 sachet de purée de pommes de terre déshydratées • 1/2 litre d'eau • 1/4 de litre de lait • 1 cuillère à café de sel • Vérifier les ingrédients sur l'emballage du produit

Avant de commencer, se mettre en tenue et se laver les mains.

	• Vérifier les dates de péremption de la purée déshydratée. • Lire et respecter scrupuleusement le mode de préparation inscrit sur l'emballage (différent selon les marques). • Mesurer les quantités d'eau et de lait à l'aide d'un verre mesureur.
	**Préparation au four micro-ondes** • Verser dans un récipient adapté au four micro-ondes l'eau et le lait. • Saler. • Faire chauffer 4 minutes. ⚠ Le plat risque d'être chaud à la sortie du four.

Préparation à la casserole

- Verser dans une casserole l'eau et le lait.
- Saler.
- Vérifier que le manche de la casserole est orienté vers l'intérieur du plan de cuisson pour éviter les brûlures.
- Porter à ébullition.
- Retirer du feu et laisser tiédir 2 à 3 minutes.

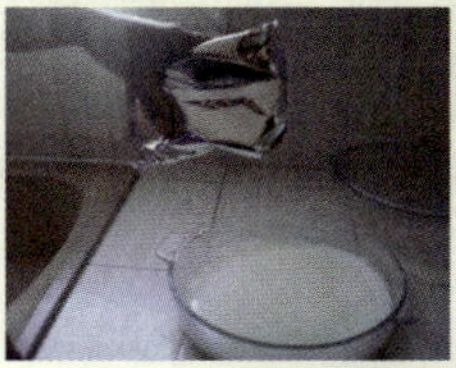

Après la préparation au four micro-ondes ou à la casserole :

- Verser les flocons.
- Laisser gonfler quelques instants.
- Mélanger.

- Disposer dans un saladier et maintenir au chaud jusqu'au moment du service.

Pour terminer, ranger le matériel et les produits, faire la vaisselle et se laver les mains.

À savoir

La purée de pommes de terre peut être consommée telle quelle ou servir de base pour un hachis Parmentier, une brandade de poisson ou un flan de purée.

Fiche 81 Le protocole de cassage des œufs

La coquille des œufs peut être porteuse de salmonelles, micro-organismes pathogènes responsables de toxi-infection. Avant de les utiliser, il faut vérifier que la coquille ne soit pas fêlée.

Définitions

Toxi-infection alimentaire : maladie contractée à la suite de l'ingestion de nourriture contaminée par des agents pathogènes qu'il s'agisse de bactéries, de virus ou de parasites.

Micro-organismes pathogènes : micro-organisme capable de provoquer une maladie chez l'homme.

1. Matériel et ingrédients

- Des œufs frais
- 2 bols
- 1 saladier

2. La technique

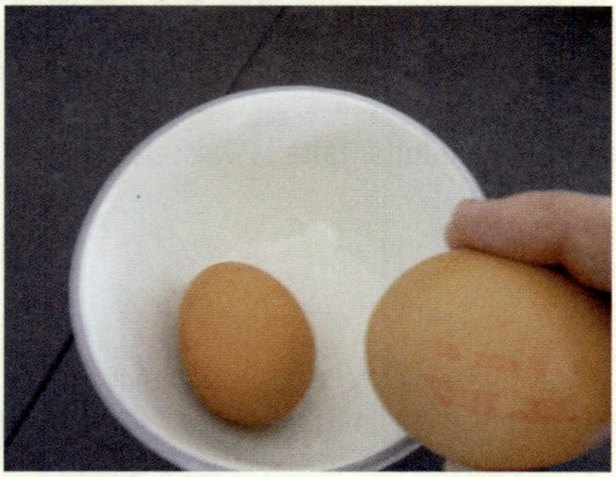

- Préparer le matériel et les denrées.
- Casser le premier œuf sur le bord du premier bol.

	• Verser l'œuf dans le second bol. • Mettre les coquilles dans un récipient qui sert de poubelle.
	• Vérifier l'état de l'œuf et le transvaser dans le saladier. • Recommencer l'opération jusqu'à épuisement des œufs. • Éliminer aussitôt les coquilles dans la poubelle. • Se laver les mains.

À savoir

Les œufs ne doivent pas être lavés avant d'être utilisés.

3. Entretien du matériel et du plan de travail

Fiche 25

- Laver et désinfecter immédiatement le plan de travail et le matériel utilisé.
- Faire la vaisselle et ranger le matériel.

Fiche 82 La préparation d'une omelette

Matériel

- 1 saladier
- 1 fouet
- 1 poêle
- 1 spatule
- 1 ramequin
- 1 plat de service

Ingrédients

- 4 œufs
- 1 cuillère à soupe d'huile
- Sel

Avant de commencer, se mettre en tenue et se laver les mains.

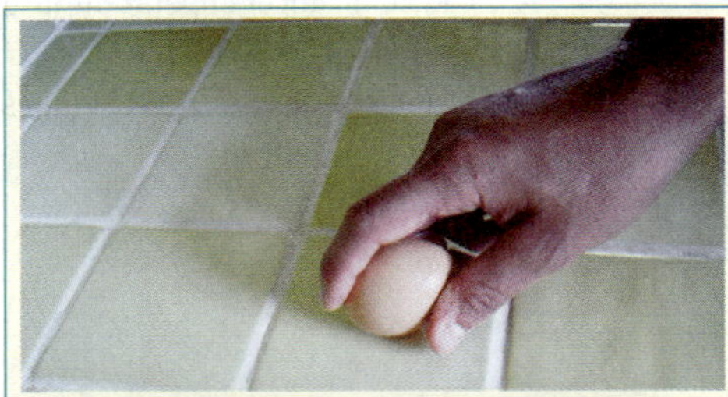

- Taper la coquille de l'œuf sur le plan de travail désinfecté.
- Verser le contenu de l'œuf dans un ramequin avant de le mettre dans un saladier.
- Renouveler les opérations pour chaque œuf.
- Se laver les mains une nouvelle fois après le cassage des œufs.

- Saler et battre vivement les œufs avec le fouet.

- Faire chauffer l'huile dans une poêle sur feu vif.
- Verser les œufs dans la poêle très chaude.

- Cuire en remuant de temps en temps avec une spatule jusqu'à obtenir la cuisson de l'omelette désirée : baveuse, à point ou bien cuite.

⚠ Ne pas mélanger sans cesse pour ne pas obtenir une brouillade.

- Faire glisser l'omelette au bord de la poêle, la laisser cuire quelques secondes sans remuer.
- Rouler l'omelette dans la poêle et renverser dans le plat de service.

Fiche 25 Pour terminer, ranger le matériel et les produits, faire la vaisselle et se laver les mains.

À savoir

Avant de rouler l'omelette, on peut la garnir avec du jambon, des champignons, du fromage râpé…

LA PRÉPARATION D'UNE TARTE AU FROMAGE (PÂTE PRÊTE À L'EMPLOI)

Matériel		Ingrédients
• 1 bol • 1 saladier • 1 moule à tarte • 1 fouet • 1 verre doseur • 1 balance		• 1 pâte brisée • 3 œufs • 125 g de crème fraîche • 250 ml de lait • 125 g de gruyère râpé • Sel et poivre

Avant de commencer, se mettre en tenue et se laver les mains.

- Préparer le matériel et les ingrédients.
- Préchauffer le four à 180 °C (thermostat 6).
- Casser les œufs selon la procédure. Fiche 81
- Éliminer les coquilles à la poubelle et se laver les mains.
- Battre les œufs avec un fouet.

- Mesurer la crème fraîche et le lait avec le verre doseur.
- Ajouter la crème fraîche, le lait et le gruyère râpé.

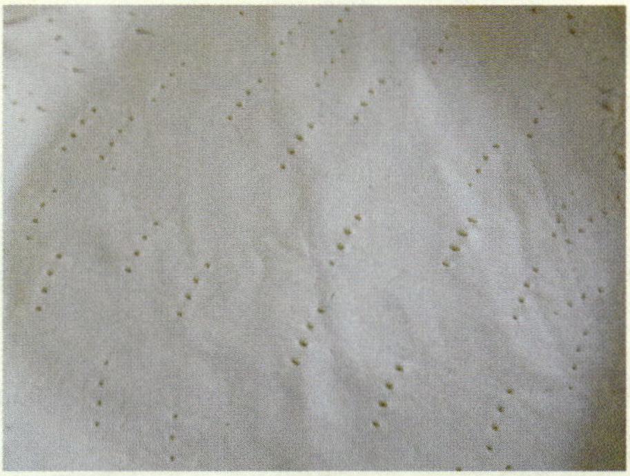	• Dérouler la pâte dans le moule en conservant la feuille de cuisson. • Découper la feuille de cuisson qui dépasse. • Piquer les bords et le fond de la pâte à l'aide d'une fourchette.
	• Verser le mélange sur la pâte. • Enfourner pendant 30 minutes. • Sortir le plat du four et servir chaud ou froid. • Faire la vaisselle et la ranger.

Pour terminer, nettoyer et désinfecter le plan de travail et se laver les mains.

À savoir

On pique le fond de la tarte afin d'éviter que la pâte ne gonfle ou ne forme des cloques. Pour vérifier que la tarte est cuite, planter la pointe d'un couteau dans la préparation : si le couteau ressort «propre», elle est cuite.

FICHE 84 LA PRÉPARATION D'UNE ESCALOPE DE POULET PANÉE

Matériel

- 1 bol
- 1 saladier
- 1 assiette
- 1 fouet
- 1 poêle
- 1 fourchette
- 1 assiette pour le service

Ingrédients

- 1 escalope de poulet
- 1 œuf
- 30 g de chapelure
- 2 cuillères à soupe d'huile de tournesol

Avant de commencer, se mettre en tenue et se laver les mains.

- Préparer le matériel et les ingrédients.
- Casser l'œuf selon la procédure. Fiche 81
- Éliminer la coquille à la poubelle et se laver les mains.
- Battre l'œuf avec le fouet.
- Placer la chapelure dans une assiette.

- Prélever l'escalope de poulet à la fourchette (ou prendre des gants jetables).
- La tremper dans l'œuf battu.

	• Tremper ensuite l'escalope dans la chapelure.
	• Faire chauffer deux cuillères à soupe d'huile de tournesol dans une poêle. • Mettre à dorer l'escalope durant 6 à 7 minutes environ de chaque côté. • Une fois cuite, la placer dans une assiette et servir. • Faire la vaisselle et la ranger

Pour terminer, nettoyer et désinfecter le plan de travail et se laver les mains.

À savoir

Vous pouvez servir l'escalope «à la milanaise» avec un peu de pâte ou une salade.
Cette recette peut se faire également avec du porc ou du veau.

FICHE 85 La préparation d'une crème renversée au caramel

Matériel

- 1 balance ou 1 verre doseur
- 1 fouet
- 1 moule à charlotte ou 4 ramequins
- 2 casseroles et 1 bol
- 1 plat à four
- 1 plat pour le service

Ingrédients

- 50 cl de lait
- 75 g de sucre (pour la crème)
- 60 g de sucre (pour le caramel)
- 3 œufs
- 1 cuillère à soupe d'extrait de vanille liquide
- 3 gouttes de vinaigre blanc

Avant de commencer, se mettre en tenue et se laver les mains.

- Préparer le plan de travail.
- Mesurer le sucre pour le caramel.
- Réaliser le caramel en chauffant le sucre avec une cuillère à soupe d'eau et trois gouttes de vinaigre blanc.
- Verser le caramel dès qu'il commence à brunir dans le moule ou les ramequins.
- Répartir le caramel dans le fond et les bords du moule (ou des ramequins) en le (les) tournant.

- Préchauffer le four à 180 °C (thermostat 6).
- Faire bouillir le lait et la vanille.
- Mesurer le sucre pour la crème
- Casser les œufs un à un dans un bol, puis les mélanger dans un saladier avec le sucre à l'aide du fouet. Fiche 81

	• Verser le lait chaud petit à petit sur la préparation œufs-sucre en mélangeant vivement avec le fouet.
	• Déposer le moule (ou les ramequins) caramélisé(s) dans un plat à four. • Verser la crème dans le moule (ou les ramequins) caramélisé(s).
	• Placer le plat dans le four. • Préparer un bain-marie en remplissant d'eau le plat à four à mi-hauteur des ramequins. • Cuire 40 à 50 minutes. • Attendre le refroidissement complet et démouler en retournant sur des assiettes individuelles (ou le moule sur un plat un peu creux).

Fiche 25

Pour terminer, ranger le matériel et les produits, faire la vaisselle et se laver les mains.

À savoir

⚠ Attention de ne pas se brûler avec le caramel.

Si cette préparation n'est pas consommée tout de suite, il faut placer le moule (ou les ramequins) au réfrigérateur, sans démouler.

LA PRÉPARATION D'UN RIZ AU LAIT

Matériel	Ingrédients
• 1 balance ou verre doseur • 1 chinois ou 1 passoire fine Fiche 78 • 1 fouet • 2 casseroles • 1 bol ou 1 ramequin • 1 plat de service creux	• 1 l de lait • 150 g de riz • 120 g de sucre • 2 jaunes d'œufs • 1 cuillère à soupe d'extrait de vanille liquide

Avant de commencer, se mettre en tenue et se laver les mains.

- Préparer les pesées et le poste de travail.
- Laver le riz à l'eau courante dans un chinois ou une passoire fine.
- Égoutter.

- Verser le riz dans une casserole, le recouvrir d'eau froide et porter à ébullition pendant 1 minute.
- Égoutter et rafraîchir le riz cuit, à l'eau courante.

- Faire bouillir le lait et la vanille dans une seconde casserole.
- Jeter en pluie le riz dans le lait bouillant et laisser cuire à petits bouillons pendant 20 à 25 minutes en tournant de temps en temps.
- Ajouter le sucre à la fin de la cuisson.

- Clarifier les œufs (séparer les jaunes des blancs).
- Fouetter les jaunes puis les incorporer au riz au lait, sans chauffer, en tournant vigoureusement.

- Remettre la casserole sur le feu 1 à 2 minutes sans cesser de remuer.
- Verser dans le plat de service.
- Laisser refroidir et placer au réfrigérateur.

Fiche 25

Pour terminer, ranger le matériel et les produits, faire la vaisselle et se laver les mains.

À savoir

Il est possible de faire le riz au lait au four en mélangeant tous les ingrédients dans un plat à four, puis en cuisant environ 2 heures à 180 °C (thermostat 6).

La préparation de crêpes

Matériel

- 1 balance ou verre doseur
- 2 saladiers et 1 fouet
- 1 louche
- 1 spatule
- 2 ramequins ou 2 bols
- 1 tamis
- 1 poêle
- 1 assiette

Ingrédients

- 250 g de farine
- 3 œufs
- 50 cl de lait
- 1 cuillère à soupe d'huile (pour la pâte)
- 1 cuillère à soupe d'huile (cuisson)
- 60 g de sucre (facultatif)

Avant de commencer, se mettre en tenue et se laver les mains.

- Préparer le plan de travail.
- Casser les œufs un à un dans un ramequin, les verser dans un saladier puis les battre en omelette. Fiche 81
- Mettre dans un autre saladier la farine tamisée.
- Faire une fontaine au centre.

- Ajouter au milieu de la farine les œufs battus en omelette, l'huile et le sucre (facultatif).
- Mélanger le tout en incorporant petit à petit la farine à partir du centre.

 	• Fouetter le mélange obtenu en incorporant des petites quantités de lait froid. • Passer la pâte au tamis en cas de présence de grumeaux. • Laisser reposer la pâte au frais au minimum 20 à 30 minutes.
	• Passer l'huile au pinceau dans la poêle. • Faire chauffer. • Verser d'un seul coup une petite louche de pâte dans la poêle très chaude, en commençant au centre, et basculer la poêle pour répartir la pâte.
 	• Laisser cuire le premier côté de la crêpe et la retourner à l'aide de la spatule. • Laisser cuire le second côté et déposer la crêpe sur une assiette, le côté cuit en premier dessous. • Recommencer l'opération pour utiliser toute la pâte.

Pour terminer, ranger le matériel et les produits, faire la vaisselle et se laver les mains.

À savoir

Garnir :
- les crêpes sucrées avec de la confiture, de la crème pâtissière, des fruits ;
- les crêpes salées avec une sauce Béchamel, une sauce tomate, du gruyère…

FICHE 88

LA PRÉPARATION D'UNE PÂTE BRISÉE SUCRÉE

Matériel

- 1 tamis
- 1 saladier
- 1 couteau d'office

Ingrédients

- 150 g de farine
- 75 g de beurre ramolli
- 1 cuillère à soupe de sucre en poudre
- 1/2 verre d'eau (environ)

Avant de commencer, se mettre en tenue et se laver les mains.

- Préparer les pesées et le poste de travail.
- Tamiser la farine, la mettre dans un saladier.
- Ajouter le sucre et le beurre coupé en petits morceaux.

- Mélanger rapidement la farine, le sucre et la matière grasse du bout des doigts et d'une seule main (jusqu'à l'obtention d'une pâte ayant la consistance d'un sable grossier).

	• Faire une fontaine dans le mélange et verser l'eau peu à peu.
	• Faire des petites boules de pâte très rapidement. • Rassembler les petites boules de pâte en une grosse boule.
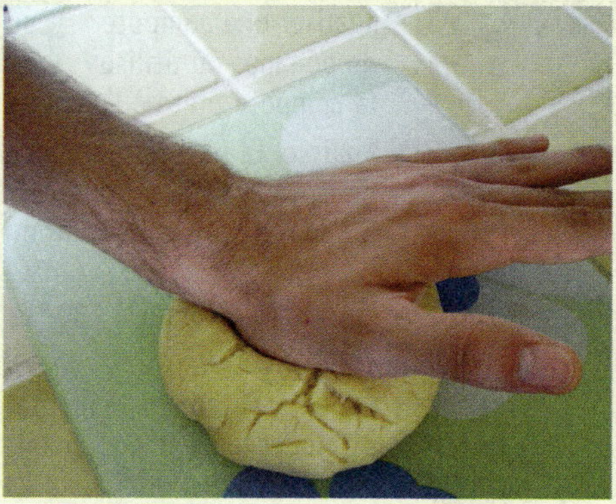	• Fraiser (c'est-à-dire écraser) la pâte rapidement deux ou trois fois avec la paume de la main. • Remettre la pâte en boule, la fariner très légèrement. • Laisser reposer la pâte à couvert et au frais pendant 20 minutes.

Fiche 25 Pour terminer, ranger le matériel et les produits, faire la vaisselle et se laver les mains.

À savoir

La pâte brisée sert de base pour réaliser des tartes (salées et sucrées) ou des biscuits secs.

FICHE 89

LA PRÉPARATION D'UNE TARTE AUX POMMES

Matériel

- 1 rouleau à pâtisserie
- 1 pinceau à pâtisserie
- 1 fourchette
- 1 grille à pâtisserie
- 1 petite casserole
- 1 moule à tarte
- 1 couteau économe

Ingrédients

- 500 g de pommes (100 g de compote et 400 g de pommes à découper ou 100 g de compote prêt à l'emploi et 400 g de pommes)
- 100 g de nappage
- 1 pâte brisée
- 15 g de farine (pour étaler la pâte)

Avant de commencer, se mettre en tenue et se laver les mains.

- Préparer les pesées et le poste de travail.
- Réaliser une pâte brisée sucrée. Fiche 88
- Réaliser une compote de pommes ou utiliser la compote prête à l'emploi. Fiche 72
- Abaisser la pâte sur le plan de travail fariné à l'aide du rouleau à 3 mm d'épaisseur environ.

- Préchauffer le four à 180 °C (thermostat 6).
- Étaler la pâte dans le moule à tarte et piquer le fond légèrement avec une fourchette.
- Passer le rouleau à pâtisserie sur le dessus du moule pour couper régulièrement le bord de la pâte.
- Faire cuire la pâte à blanc dans le four pendant 10 minutes (facultatif).

	• Garnir le fond de la tarte avec la compote de pommes. • Laver les pommes, les éplucher et les émincer.
	• Disposer les lamelles de pommes sur la compote de façon régulière de l'extérieur vers le centre de la tarte en superposant partiellement chaque lamelle.
	• Faire cuire au four pendant 30 minutes environ. • Faire chauffer le nappage. • Passer le nappage au pinceau sur les pommes et les bords de la tarte. • Démouler sur grille.

Pour terminer, ranger le matériel et les produits, faire la vaisselle et se laver les mains.

À savoir

Il est aussi possible de faire une tarte avec d'autres fruits (exemple : tarte aux poires), de varier la compote (exemple : compote de rhubarbe).
Faire cuire une première fois la pâte à blanc évite qu'elle ne se ramolisse trop au contact des fruits.

FICHE 90 LA PRÉPARATION D'UN CAKE AUX RAISINS SECS

Matériel

- 1 tamis
- 1 saladier, 1 spatule
- 1 balance ou 1 verre doseur
- 2 bols
- 1 casserole
- 1 moule à cake
- Papier sulfurisé
- 1 grille

Ingrédients

- 240 g de farine
- 120 g de beurre
- 3 œufs
- 120 g de sucre
- 1 pincée de sel fin
- 150 g de raisins secs
- 1/2 sachet de levure chimique
- 1 cuillère à soupe de fleur d'oranger ou d'extrait de vanille

Avant de commencer, se mettre en tenue et se laver les mains.

- Préparer les pesées et le plan de travail.
- Préchauffer le four à 150 °C (thermostat 5).
- Faire macérer les raisins secs dans de l'eau tiède avec la vanille ou la fleur d'oranger.
- Couper le beurre en petits morceaux et le mettre dans un saladier.
- Travailler le beurre, au-dessus d'un bain-marie, pour le ramollir.

- Ajouter le sucre et le sel, mélanger au beurre toujours au-dessus du bain-marie.
- Casser les œufs un à un. Fiche 81
- Incorporer les œufs au fur et à mesure, en dehors du bain-marie.
- Travailler la pâte.

	• Tamiser la farine et la levure. • Verser, la farine tamisée et la levure sur le mélange, d'un seul coup.
	• Verser, sur la préparation les raisins secs macérés et égouttés. • Enrober les raisins secs de farine avant de mélanger le tout. • Chemiser un moule à cake avec le papier sulfurisé.
	• Remplir le moule aux 3/4 avec la pâte. • Cuire pendant 45 minutes. • Laisser refroidir avant de démouler sur grille.

Fiche 25 Pour terminer, ranger le matériel et les produits, faire la vaisselle et se laver les mains.

À savoir

Ne pas ouvrir la porte du four lors de la cuisson pour que la pâte lève correctement. En effet, l'air et le dioxyde de carbone se dilatent, la pâte augmente de volume et ainsi les protéines des œufs et de la farine coagulent pour donner au gâteau sa forme définitive.

LA PRÉPARATION DE MUFFINS AUX FRUITS ROUGES

Matériel

- 1 balance ou 1 verre doseur
- 1 tamis
- 2 saladiers
- 1 fouet
- 1 ramequin
- 1 pinceau à pâtisserie
- 12 moules à muffins
- 1 grille

Ingrédients

- 200 g de fruits rouges
- 300 g de farine
- 150 g de sucre
- 2 œufs
- 15 cl de lait
- 80 g de beurre
- 1 sachet de levure

Avant de commencer, se mettre en tenue et se laver les mains.

- Préparer le plan de travail et les pesées.
- Préchauffer le four à 180 °C (thermostat 6).
- Casser les œufs un à un dans un ramequin, puis les rassembler dans un saladier. Fiche 81
- Faire fondre le beurre au bain-marie ou au four à micro-ondes.
- Battre les œufs entiers avec le sucre.
- Ajouter le beurre fondu et le lait peu à peu.

- Tamiser la farine avec la levure et le sel.
- Verser la farine dans le saladier, sur le mélange œufs, sucre, beurre, lait.

	• Ajouter les fruits rouges dans le saladier. ⚠ Si les fruits sont surgelés, ne pas les faire décongeler.
	• Mélanger grossièrement tous les ingrédients.
	• Beurrer légèrement chaque moule au pinceau. • Répartir le mélange grumeleux dans les moules à muffins. • Faire cuire au four pendant environ 20 à 30 minutes. • Se laver les mains. • Sortir les muffins et les placer sur une grille, les laisser refroidir.

Fiche 25 Pour terminer, ranger le matériel et les produits, faire la vaisselle et se laver les mains.

À savoir

Si les moules ne sont pas en silicone, les graisser légèrement avec un pinceau et de l'huile. Les muffins peuvent être conservés plusieurs jours dans une boîte hermétique et au réfrigérateur.

LA PRÉPARATION D'UN GÂTEAU CLOWN AU YAOURT ET AU CHOCOLAT

Matériel	Ingrédients
• 1 moule à manqué de 20 cm • 1 passoire • 1 feuille de papier sulfurisé • 1 saladier • 1 fouet • 1 assiette • 2 bols • 1 paire de ciseaux • Papier cartonné (gabarit tête de clown)	• 3 œufs • 1 pot de yaourt nature • 1 pot d'huile • 2 pots de yaourt de sucre • 3 pots de yaourt de farine • 100 g de chocolat • 1/2 sachet de levure chimique • Sucre glace • 1 sachet de sucre vanillé (facultatif)

Avant de commencer, se mettre en tenue et se laver les mains.

- Préparer le matériel et installer le poste de travail.
- Chemiser le moule avec le papier sulfurisé et préchauffer le four à 180 °C (thermostat 6).
- Verser le yaourt dans le saladier, puis le laver (il va servir d'unité de mesure pour les autres ingrédients).

- Faire fondre le chocolat au bain-marie ou au four micro-ondes.
- Ajouter au yaourt le sucre, les œufs en les cassant un par un dans un bol, la farine et éventuellement le sucre vanillé. Fiche 81

	• Ajouter l'huile à votre pâte. • Mélanger de nouveau.
	• Ajouter le chocolat. • Mélanger. • Verser la préparation dans le moule à manqué. • Faire cuire 25 à 30 minutes. • Découper le gabarit de la tête de clown. • Vérifier la cuisson en introduisant la lame de couteau à cœur.
	• Laisser refroidir et décorer. Au choix : • Déposer le gabarit du clown sur le gâteau. Saupoudrer de sucre glace. • Recomposer un visage de clown à l'aide de bonbons (modèle ci-contre).

Fiche 25 Pour terminer, ranger le matériel et les produits, faire la vaisselle et se laver les mains.

À savoir

Un sachet de sucre vanillé peut être ajouté dans la préparation.
Il est possible avec la même pâte de faire des gâteaux de formes amusantes en utilisant des moules variés : sapin, bonhomme, ourson ou petits gâteaux individuels...

FICHE 93 LA PRÉPARATION DE PETITS BISCUITS FANTAISIE

Matériel

- Emporte-pièces
- 5 ramequins
- 1 stylo décor
- 1 passoire fine
- Papier sulfurisé
- 1 poche à douille + douilles (facultatif)
- Plat de service
- 1 grille

Ingrédients

- 1 pâte brisée sucrée
- 200 g de sucre glace
- 2 cuillères à soupe de confiture
- Colorants alimentaires
- Décoration : vermicelles et boules multicolores
- Glaçage

Avant de commencer, se mettre en tenue et se laver les mains.

Biscuits à la confiture

- Préparer le matériel et installer le poste de travail.
- Réaliser la pâte brisée sucrée. Fiche 88
- Préchauffer le four à 180 °C (thermostat 6).
- Fariner le plan de travail et abaisser la pâte (donner une épaisseur à la pâte).
- Découper des disques en nombre pair, à l'aide d'un emporte-pièce puis en perforer la moitié comme sur la photo.
- Déposer tous les disques sur une grille munie d'un papier sulfurisé.

- Cuire pendant 10 à 15 minutes.
- Sortir les biscuits et les laisser refroidir bien à plat.
- Saupoudrer de sucre glace les biscuits perforés.
- Enduire les disques non perforés de confiture.
- Positionner par-dessus un disque perforé.

Biscuits décorés

	• Découper la pâte sucrée avec des emporte-pièces fantaisie. • Pour la cuisson, procéder de la même façon que pour les petits biscuits fantaisie.
	• Préparer le glaçage en diluant le sucre glace dans deux cuillères à soupe d'eau froide. • Répartir dans plusieurs ramequins. • Ajouter une goutte de colorant alimentaire de la couleur souhaitée (rouge, vert). • Mélanger. • Déposer les éléments de décoration dans des ramequins.
	• Glacer les biscuits en les recouvrant du glaçage choisi. • Laisser sécher 20 minutes. • Compléter la décoration à l'aide d'une poche à douille ou d'un stylo décor et de bonbons multicolores. • Laisser reposer.

Fiche 25

Pour terminer, ranger le matériel et les produits, faire la vaisselle et se laver les mains.

À savoir

Si l'opérateur ne possède pas de poche à douille, il peut fabriquer un cône avec du papier sulfurisé ou un sac congélation coupé dans un angle.
Les gâteaux secs peuvent être conservés plusieurs jours dans une boîte hermétique.

L'ÉDUCATION ALIMENTAIRE DE L'ENFANT

1. LA PERCEPTION SENSORIELLE DES ALIMENTS

Les organes des sens participent à l'identification d'un aliment en transmettant au cerveau les informations qui seront analysées. Les récepteurs du goût et de l'odorat sont le siège des perceptions sensorielles des aliments.

Stimulations perçues	Organes des sens (récepteurs)	Perception des qualités organoleptiques
Visuelles	• Yeux (cellules de la rétine).	• Couleur, taille, forme, aspect.
Tactiles	• Peau, bouche (récepteurs mécaniques et thermiques).	• Texture : dureté, élasticité. • Caractères : chaud, froid, piquant, irritant.
Auditives	• Oreille (oreille interne).	• Son craquant, croustillant.
Olfactives	• Nez et voies rétro-nasales (récepteurs olfactifs).	• Odeur, arôme.
Gustatives	• Langue (papilles du goût).	• Quatre saveurs dominantes : sucrée, salée, acide, amère.

Définitions

Flaveur: ensemble des sensations olfactives et gustatives perçues lors de la dégustation d'un aliment.
Qualités organoleptiques: ensemble de caractéristiques que nos organes des sens perçoivent et qui permettent à l'organisme de reconnaître l'aliment.

2. L'ÉVOLUTION DES GOÛTS ET DES TEXTURES

2.1. Lait maternel et lait artificiel

Fiche 53

L'apprentissage des saveurs commence très tôt. **La grande découverte des arômes se fait avec l'allaitement** car le lait maternel prend le goût des aliments ingérés par la mère. Par contre, l'enfant qui est nourri aux aliments lactés diététiques ne connaît qu'un seul goût. Pendant cette période, la réaction du bébé aux différentes saveurs est réflexe.

2.2. La diversification

À partir de 6 mois et jusqu'à environ 3 ans, la diversification alimentaire permet de poursuivre cet éveil. De ce fait, il est important de proposer un par un des aliments nouveaux afin que l'enfant apprenne à différencier les goûts.

De la même façon, la découverte de nouvelles textures doit se faire graduellement en tenant compte de l'âge de l'enfant. Les préparations auront une consistance liquide, puis pâteuse, puis progressivement semi-solides et solides.

2.3. L'éducation alimentaire

De 3 à 6 ans, la peur de tout ce qui est nouveau ou inconnu commence : c'est la néophobie. L'enfant a envie de s'affirmer. Seulement, il dépend de l'adulte, et refuser de la nourriture est un pouvoir que l'enfant apprécie. Il montre qu'il peut dire non !

L'enfant est attiré de façon naturelle par les aliments sucrés, car il y trouve du plaisir. Dans ce cas, la prise de repas avec des enfants plus grands, qui prennent plaisir à manger, peut être une solution. L'enfant agira par mimétisme.

LE SERVICE DES REPAS EN MILIEU FAMILIAL

1. LES NORMES D'HYGIÈNE À RESPECTER LORS DE LA PRÉPARATION DES REPAS

1.1. Recommandations

En milieu familial, les repas sont préparés et consommés au même endroit, la plupart du temps dans la cuisine. L'opérateur doit veiller particulièrement à l'hygiène des locaux, du matériel et aux températures des aliments servis ou conservés.

Avant le service :

- les préparations chaudes sont maintenues au four jusqu'au repas ou réchauffées à l'aide du four micro-ondes ou du four ;
- les préparations froides sont sorties du réfrigérateur au moment du repas et le film plastique est retiré.

1.2. Les portions

Les préparations sont soit préparées en assiette individuelle (les entrées ou le plat principal) soit en plat multiportion (gâteau).

Présentation en assiette individuelle

Présentation en plat multiportions

2. CONDITIONS FAVORABLES À LA PRISE DES REPAS

2.1. L'espace repas

Les enfants doivent être installés de façon confortable et en toute sécurité (chaise haute pour les plus jeunes) afin de permettre le bon déroulement des repas. L'espace repas doit être convivial, agréable avec du mobilier et des couverts adaptés à l'enfant.

Les repas sont servis à heure régulière, dans le calme, sans télévision ni distraction (jouet par exemple).

2.2. Les préparations culinaires

> **Remarque**
>
> L'adulte doit avoir un discours positif autour du repas ainsi que sur la composition et la présentation de celui-ci.

- Nommer les plats
- Présenter les plats de manière appétissante
- Utiliser de la vaisselle adaptée à l'enfant
- Mettre de la couleur dans les assiettes en proposant différents légumes
- Faire des formes amusantes avec les aliments (exemple : une tête de bonhomme ou un volcan)
- Proposer des légumes frais qui seront plus goûteux
- Servir de petites quantités
- Ne pas forcer un enfant à manger mais lui demander de goûter.

Il est important d'avoir une certaine souplesse concernant la découverte tactile de la nourriture dans le but d'amener l'enfant vers l'utilisation progressive de ses couverts. Cette découverte doit être contrôlée par l'adulte afin de développer l'autonomie chez l'enfant.

3. Respect du rythme et des besoins de l'enfant

Lors du repas, il est important de respecter le rythme de l'enfant et son appétit. Certains enfants mangent plus vite que d'autres mais les moins rapides ne doivent pas être bousculés pour autant. De plus, il faut respecter l'appétit de l'enfant, qui peut être différent d'un enfant à l'autre, et d'une journée sur l'autre.

4. Le devenir des restes en milieu familial

L'utilisation des restes d'un repas en milieu familial est la cause la plus fréquente d'intoxication alimentaire.

Les aliments cuisinés doivent être consommés, réfrigérés ou congelés dans les 2 heures qui suivent la préparation. Cette durée inclut le temps pendant lequel les aliments patientent hors du réfrigérateur ou du four avant d'être servis, et le temps qu'ils passent sur la table.

LA PRÉPARATION DU SERVICE ET LA MISE EN PLACE DE L'ESPACE REPAS DE 4 ENFANTS

Matériel		Ingrédients
• 1 nappe • 4 serviettes • 4 assiettes • 4 couverts • 4 verres		• Pain • Boisson (eau)

Avant de commencer, se mettre en tenue et se laver les mains. Laver et désinfecter la table avant la mise en place de l'espace repas.

- Recouvrir la table avec une nappe ou des sets.
- Déposer les assiettes, les couverts (couteau à droite, fourchette à gauche, petite cuillère entre l'assiette et le verre) et les verres.
- Déposer le pain et l'eau.

- Réaliser un pliage de serviette fantaisie pour rendre la table plus agréable ou selon le thème du repas.

- Prévoir des menus sur des supports variés (selon le thème et l'âge des enfants).
- Placer sur la table et/ou afficher le menu.

Les enfants sont ensuite installés de façon confortable pour la prise du repas.

FICHE 97 LE TRAITEMENT DES RESTES ALIMENTAIRES

Matériel		Produits
• Assiettes • Couverts • Boîtes hermétiques ou film plastique		• Restes de produits alimentaires

Avant de commencer, se mettre en tenue et se laver les mains.

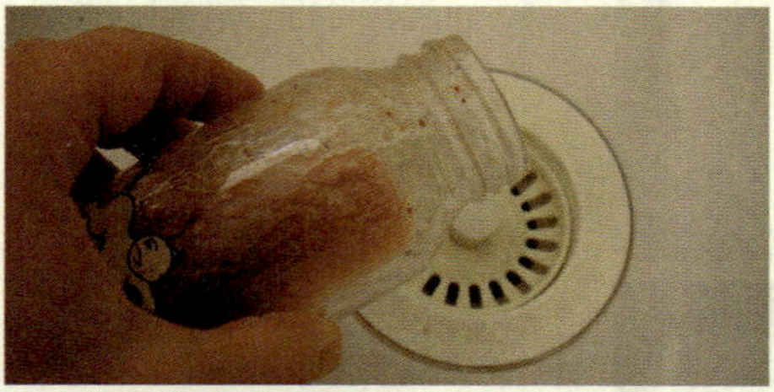 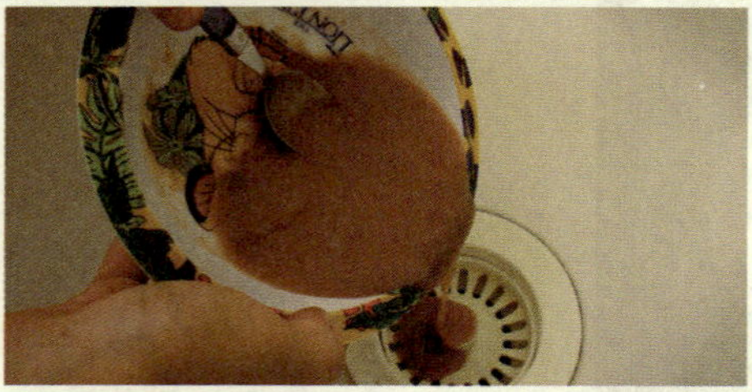	**Les repas des jeunes enfants** • Jeter impérativement tous les restes de biberon, puis laver ce dernier le plus rapidement possible. • Ne jamais conserver les restes du repas du jeune enfant.
	**En milieu familial** • Entreposer les restes alimentaires dans un récipient propre et hermétique ou les recouvrir d'un film plastique. • Ne pas les mélanger à d'autres préparations. • Laisser séjourner le moins de temps possible à température ambiante.

	• Entreposer dans le réfrigérateur dès que la température est suffisamment basse. • Consommer dans les 48 heures en prenant soin de les réchauffer correctement : (température minimum de + 63 °C à cœur).
	**En milieu collectif** • Jeter toute boisson ou denrée servie, non consommée.
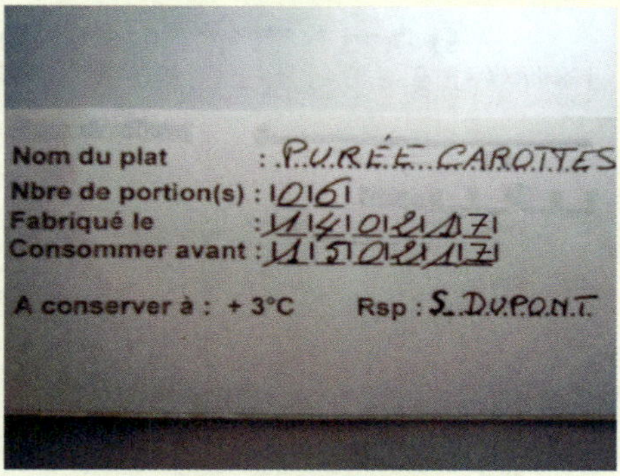	• Conserver les excédents de plats (sauf les sauces et les bouillons) pendant 24 heures en ayant soin de les identifier afin de répondre aux critères de traçabilité.

Pour terminer, ranger le matériel et les produits et se laver les mains.

À savoir

Dans les cuisines satellites (crèches ou écoles maternelles), tous les restes alimentaires sont impérativement jetés.

1. Répondez par VRAI ou FAUX aux affirmations suivantes : Vrai Faux

1. Le professionnel joue un rôle important dans l'acquisition du langage.
2. Le langage se construit sur l'imitation de l'adulte.
3. À 6 mois, un nourrisson identifie son reflet dans le miroir.
4. Il n'est pas nécessaire de surveiller son langage face à un enfant.
5. Face à un parent en colère, vous devez hausser le ton.
6. L'approche de l'égalité entre filles et garçons est indissociable des choix et des contraintes méthodologiques mise en place par les professionnels.
7. Le cahier de liaison doit être rempli chaque jour et transmis aux parents.
8. PPS signifie Plan personnalisé de sécurité.
9. Le projet d'école répond à des objectifs nationaux.
10. Le projet pédagogique répond à des objectifs élaborés à l'échelle de la structure.
11. La qualité d'une situation d'échange avec la famille se fait à travers une écoute active, un questionnement, la reformulation.
12. La reformulation d'un propos consiste à redire en d'autres termes et d'une manière plus explicite ce qui vient d'être dit, afin de vérifier la compréhension du message.
13. Une réunion de travail comprend 2 phases, la préparation et le déroulement.
14. Le projet d'école est légalement obligatoire.
15. Le projet pédagogique détermine les méthodes de travail ainsi que les activités des enfants.

Réponses : 1. V ; 2. V ; 3. F ; 4. F ; 5. F ; 6. V ; 7. V ; 8. F ; 9. V ; 10. V ; 11. V ; 12. V ; 13. F ; 14. V ; 15. V.

2. Cochez la ou les bonnes réponses :

1. Quel lait est, dans sa composition, le plus proche du lait maternel ?

a) Le lait de vache.
b) Les aliments lactés diététiques.
c) Le lait de croissance.

2. De quelle ration lactée journalière un enfant de 6 mois a-t-il besoin ?

a) 700 ml/jour.
b) 770 ml/jour.
c) 840 ml/jour.

3. Quel est le rôle principal des protéines ?

a) Bâtisseur.
b) Fonctionnel.
c) Énergétique.

4. Quel est le rôle principal des glucides ?

a) Bâtisseur.
b) Fonctionnel.
c) Énergétique.

5. Quel est le rôle principal des lipides ?

a) Bâtisseur.

b) Fonctionnel.

c) Énergétique.

6. Quel est le rôle de la vitamine A ?

a) Elle joue un rôle dans la défense contre certaines infections.

b) Elle est indispensable au mécanisme de la vision.

c) Elle est indispensable à l'absorption intestinale du calcium.

7. À quel âge la diversification doit-elle commencer pour un enfant ?

a) 3 mois.

b) 6 mois.

c) 9 mois.

8. Comment sont introduits les aliments ?

a) Un à un sur une seule journée.

b) Un à un pendant plusieurs jours.

c) De façon mélangée.

9. Pour un enfant âgé de 12 mois, quelle doit être la texture des aliments ?

a) Texture mixée.

b) Texture moulinée.

c) Texture petits morceaux fondants.

10. À quel âge un enfant possède-t-il ses 8 incisives ?

a) 6 mois.

b) 14 mois.

c) 18 mois.

11. À quoi servent les incisives ?

a) À couper les aliments.

b) À écraser les aliments.

c) À broyer les aliments.

12. À quel âge un enfant possède-t-il 20 dents ?

a) 24 mois.

b) 30 mois.

c) 36 mois.

13. Pourquoi faut-il limiter l'apport de produits sucrés pour un enfant ?

a) Pour limiter les caries.

b) Pour limiter le surpoids.

c) Pour éviter le diabète.

14. Quel est le mode de cuisson le plus approprié pour garantir la qualité nutritionnelle des préparations à base de légumes ?

a) Braiser.

b) Sauter.

c) À la vapeur.

15. Quelles sont les précautions à respecter pour conserver les qualités organoleptiques et nutritionnelles lorsque l'on fait sauter les aliments ?

a) Respecter le temps de cuisson.
b) Mettre un couvercle.
c) Ne pas piquer les aliments à la fourchette.

16. Les vitamines contenues dans les fruits et les légumes sont :

a) Hydrosolubles.
b) Liposolubles.
c) Glycosoluble.

17. À quelle température devez-vous servir les plats chauds ?

a) + 45°C.
b) + 63°C.
c) + 75°C.

18. Lors de l'achat des produits alimentaires, il est important de respecter :

a) La marche en avant.
b) La chaîne du froid.
c) La marche arrière.

19. Que signifie le terme de « marche avant » :

a) Ne pas mélanger le propre et le sale lors de la préparation des repas.
b) Maintenir les aliments au réfrigérateur avant et pendant la préparation.
c) Ne pas mélanger les fruits et les légumes.

20. À quoi sont dues les toxi-infections :

a) Virus.
b) Bactéries.
c) Toxines présentes dans les aliments.

21. Quelle est la définition du bionettoyage ?

a) Il s'agit d'enlever les salissures adhérentes.
b) Il s'agit d'enlever les salissures non-adérentes.
c) Il s'agit d'enlever les salissures et éliminer les micro-organismes.

22. Quels facteurs sont impliqués dans l'efficacité d'un produit ?

a) Le dosage du produit.
b) Le temps d'action du produit.
c) Avoir un plan de travail sans salissure.

23. Quel est le produit contenu dans une gaze jetable ?

a) Un détergent.
b) Un agglutinant.
c) Un désinfectant.

24. Quel est l'objectif du balayage humide ?

a) Enlever les salissures adhérentes.
b) Enlever les salissures non-adhérentes.
c) Eliminer les micro-organismes.

25. Quel matériel est utilisé pour un balayage humide ?

a) Balai trapèze + gaze à usage unique.

b) Balai trapèze + gaze tissée.

c) Balai rasant + frange.

26. Quel est l'objectif du lavage du sol ?

a) Enlever les salissures adhérentes.

b) Enlever les salissures non adhérentes.

c) Enlever les salissures et éliminer les micro-organismes.

Réponses : 1.b ; 2.c ; 3.a ; 4.c ; 5.c ; 6.b ; 7.b ; 8.b ; 9.b et c ; 10.b ; 11.a ; 12.b ; 13.a, b et c ; 14.c ; 15.a et c ; 16.a ; 17.b ; 18.b ; 19.a ; 20.b et c ; 21.c ; 22.a, b et c ; 23.b ; 24.b ; 25.a et b ; 26.a.

3. Cochez la ou les bonnes réponses :

	Avant	Pendant	Après
1. Se laver les mains.			
2. Ranger.			
3. Trier le linge sale.			
4. Transmettre.			
5. Installer son poste de travail.			
6. Respecter le circuit du plus propre au plus sale.			
7. S'informer.			
8. Respecter l'ergonomie.			
9. L'économie et la sécurité.			
10. Désinfecter son plan de travail en fin d'activité.			
11. S'autoévaluer			

Réponses : 1.avant ; 2.après ; 3.après ; 4.après ; 5.avant ; 6.pendant ; 7.avant ; 8.avant, pendant et après ; 9.avant, pendant et après ; 10.après ; 11.avant, pendant et après.

4. En cas d'urgence ou de nouvelle contrainte, cochez les bonnes conduites à tenir :

a) Respecter les protocoles d'urgence.

b) Prévenir les parents sans demander l'avis de mon supérieur hiérarchique.

c) Informer mon supérieur hiérarchique.

d) Je travaille à mon domicile, informer les parents.

e) Assurer les gestes de premier secours.

f) Prendre des initiatives hors de mes compétences.

g) Agir selon les limites de mes compétences.

Réponses : a) ; c) ; d) et g)

5. Répondez par VRAI ou FAUX aux affirmations suivantes :

	Vrai	Faux
1. Avant de commencer une tâche il faut s'informer sur l'usager.		
2. Les protocoles d'urgences sont consultables par les parents.		

3. En situation d'urgence, vous n'êtes pas obligé de prévenir votre supérieur hiérarchique.
4. Le suivi des stocks peut se faire de façon manuelle ou informatisés.
5. Le titulaire du CAP AEPE ne peut pas gérer les stocks.
6. L'inventaire stocks est effectué par le directeur ou la directrice d'école.
7. La DDM indique une limite impérative de consommation.
8. DDM signifie date de durabilité minimum.
9. Contrôler les dates de péremption des produits ne fait pas partie de la gestion des stocks.

Réponses : 1. V ; **2.** V ; **3.** F ; **4.** V ; **5.** F ; **6.** F ; **7.** F ; **8.** V ; **9.** F.

6. Cochez la ou les bonnes réponses :

1. L'objectif de suivre l'état des stocks est de :

a) Comptabiliser les entrées seulement.
b) Comptabiliser les entrées et les sorties pour faire le bilan des volumes restants.
c) Contrôler les produits et matériels en quantité et en qualité.

2. Qu'est-ce qu'un stock « tampon ou de sécurité » ?

a) C'est un stock à avoir pour pallier toutes éventualités.
b) C'est un stock de protection hygiénique.
c) C'est un stock à écouler rapidement.

3. Les documents utilisés pour la gestion des stocks sont :

a) Des bons de commande.
b) Des bons de livraison.
c) Des fiches de stock.

Réponses : 1. b) et c) ; **2.** a) ; **3.** a), b) et c).

7. Répondez par VRAI ou FAUX aux affirmations suivantes : Vrai Faux

1. Le projet d'accueil est un document propre à chaque assistant maternel.
2. L'assistant maternel doit obligatoirement être agréé par le Président du conseil départemental.
3. L'assistant maternel doit demander le renouvellement de son agrément 6 mois au moins avant son échéance.
4. Le contrat de travail est un contrat écrit, il n'est pas obligatoire pour chaque enfant.
5. Le contrat de travail précise les obligations administratives. et conventionnelles entre parents et assistante maternelle.
6. Des conditions particulières, telles que l'acceptation d'animaux domestiques chez le salarié, peuvent être ajoutées au contrat de travail.
7. L'employeur doit obligatoirement déclarer l'emploi à la PMI.
8. L'employé doit faire visiter à l'employeur les pièces auxquelles l'enfant aura accès.
9. Vous devez posséder une assurance responsabilité civile professionnelle.

10. La Convention collective nationale de travail des assistants maternels du particulier employeur définit les droits et devoirs des employeurs et salariés.
11. Un planning est un outil de gestion de temps.
12. Il existe une seule forme de planning.
13. Le planning peut être informatisé ou sur papier.
14. Un chronogramme est une sorte d'échéancier.

Réponses : 1. V ; **2.** V ; **3.** F (3 mois avant) ; **4.** F ; **5.** V ; **6.** V ; **7.** F (à l'URSSAF, à la MSA ou à la CAF) ; **8.** V ; **9.** V ; **10.** V ; **11.** V ; **12.** F ; **13.** V ; **14.** V.

8. Cochez la ou les bonnes réponses :

1. Le contrat de travail doit être signé par :

a) L'employeur.
b) La Caisse d'allocation familiale.
c) Le salarié.

2. Le contrat de travail comprend :

a) Les identités et coordonnées du parent employeur et de l'assistante maternelle.
b) La rémunération.
c) Les coordonnées du service de PMI.
d) Les jours de repos hebdomadaires.

Réponses : 1. a) et c) ; **2.** a).

9. Remettre dans l'ordre les 4 actions successives à mettre en œuvre face à un accident :

a) Alerter ou faire alerter.
b) Protéger.
c) Secourir.
d) Examiner.

Réponses : b) ; d) ; a) ; c).

10. Cochez la ou les bonnes réponses :

1. La prise de température axillaire de l'enfant nécessite de rajouter :

a) 0,5 °C.
b) 0,7 °C.
c) 0,9 °C.

2. Le schéma corporel est la capacité de l'enfant :

a) À dessiner son corps.
b) À percevoir son corps.
c) À sentir son corps.

3. Le professionnel se doit de travailler en coopération avec la famille pour :

a) Rédiger un rapport à son supérieur.
b) Assurer la continuité de l'accompagnement de l'enfant.
c) Surveiller les relations conjugales.

4. Le projet d'accueil permet :
- a) De connaître l'assistant maternel.
- b) De mettre par écrit les éléments du contrat de travail de l'assistant maternel.
- c) D'établir un dialogue entre l'assistant maternel et la famille.

5. Le pain apporte à l'enfant :
- a) Des lipides.
- b) Des protéines.
- c) Des glucides.

6. L'équilibre alimentaire se fait :
- a) À court terme exclusivement.
- b) À court et moyen terme exclusivement.
- c) À court, moyen et long terme.

7. Un enfant de 3 ans souffrant de diarrhée doit :
- a) Boire de l'eau et manger du riz.
- b) Boire du lait et manger une tomate.
- c) Boire un jus de fruit et manger un yaourt.

Réponses : 1.a) ; 2.a) ; 3.b) ; 4.c) ; 5.c) ; 6.c) ; 7.a).

11. Répondez par VRAI ou FAUX aux affirmations suivantes : Vrai Faux

1. L'enfant dessine le bonhomme têtard vers 3 ans.

2. Le professionnel communique avec l'ensemble de l'équipe en établissant des transmissions :
- a) claires et lisibles.
- b) approximatives.
- c) succinctes et précises.
- d) sans jugement de valeur.
- e) objectives.
- f) subjectives.

3. Le nettoyage d'une surface a pour but :
- a) de faire ce qui est demandé par la responsable de la structure.
- b) d'obtenir une propreté visuelle.
- c) d'avoir une bonne hygiène des locaux.
- d) de s'occuper et de ne pas rester sans rien faire.
- e) de protéger la santé et le bien-être des enfants et du personnel.

4. Pour un nettoyage efficace, il est nécessaire de tenir compte de :
- a) la saison.
- b) la durée nécessaire au produit pour être efficace sur les salissures.
- c) la température de l'eau.
- d) la localisation.
- e) l'action mécanique (le frottement).
- f) l'action chimique (du produit).

12. Cochez la bonne réponse :

1. L'aération d'une salle de classe doit se faire :

a) 1 fois par semaine. ☐
b) 1 fois par mois. ☐
c) tous les jours. ☐

2. Vous vous apercevez qu'un pantalon est troué, que faites-vous ?

a) Vous le signalez aux parents. ☐
b) Vous disputez l'enfant. ☐
c) Vous raccommodez le trou. ☐

3. Vous gardez un enfant de 7 mois à domicile. Quelle consistance devra avoir le déjeuner ?

a) Une texture mixée à moulinée. ☐
b) Des petits morceaux tendres. ☐
c) Des morceaux de taille normale. ☐

4. Pour travailler, vous devez porter des chaussures :

a) Antidérapantes. ☐
b) À talons. ☐
c) De sport. ☐

Réponses : 1.c) ; 2.c) ; 3.a) ; 4.a).

13. Répondez par VRAI ou FAUX aux affirmations suivantes :

	Vrai	Faux
1. Au cours d'une journée, un enfant de 4 ans a besoin d'un apport de 30 % de lipides.	☐	☐
2. Les glucides sont présents dans la viande.	☐	☐
3. Un enfant a besoin de 4 repas par jour.	☐	☐
4. La néophobie est le refus par un enfant de manger des aliments nouveaux.	☐	☐
5. Lorsque vous faites les courses, commencez toujours par les produits surgelés.	☐	☐

Réponses : 1.V ; 2.F ; 3.V ; 4.V ; 5.F

Achevé d'imprimer en Slovaquie par Polygraf
Dépôt légal : août 2017 - Collection n° 14 - Édition 01
54/1138/8

5. **Le port de gant pour effectuer un nettoyage n'oblige pas le professionnel à se laver les mains.**

6. **L'entretien d'une vitre se fait avec un mouilleur et une solution détergente.**

7. **Le séchage de la vitre se fait :**
   a) à la canadienne.
   b) à la française.
   c) à l'américaine.

8. **Le nettoyage se fait du plus propre au plus sale.**

9. **Le nettoyage se fait de haut en bas.**

10. **Le professionnel doit organiser son action en fonction :**
    a) des besoins de l'enfant.
    b) des envies du professionnel.
    c) des ressources (matérielles, humaines...).
    d) des contraintes du milieu (horaires, locaux...).
    e) des habitudes du professionnel.
    f) des consignes données.
    g) du projet éducatif/pédagogique de la structure.
    h) des principes éducatifs/habitudes/particularités des parents.

11. **L'assistant maternel reçoit son agrément de la PMI du conseil départemental.**

12. **L'utilisation de produits ménagers est sans danger pour la santé.**

13. **Le choix des produits ménagers se fait en fonction :**
    a) de leur parfum.
    b) des salissures à nettoyer et de leur nature.
    c) de la couleur de l'emballage.
    d) du prix.
    e) du support à nettoyer.

14. **L'alimentation de l'enfant doit assurer son développement et sa croissance.**

15. **L'équilibre alimentaire est le fait d'apporter chaque jour la qualité et la quantité d'aliments dont l'organisme a besoin pour être maintenu en bonne santé.**

16. **L'anorexie est un trouble du comportement alimentaire.**

Réponses : 1. V ; **2.** V, F, V, V, V et F ; **3.** F, V, V, F, V ; **4.** F, V, V, F, V ; **5.** F ; **6.** V ; **7.** F, V, V ; **8.** V ; **9.** F ; **10.** V, F, V, V, F, V, V et V ; **11.** V ; **12.** F ; **13.** F, V, F, F, V ; **14.** V ; **15.** V ; **16.** F.